새 정부의 부동산 정책에 따른 돈 버는 부동산 투자전략

윤석열 정부
부동산시장
대해부

새 정부의 부동산 정책에 따른 돈 버는 부동산 투자전략

윤석열 정부
부동산시장
대해부

프롤로그

앞으로 5년을 책임질 새 정부가 출범했다. 그 어느 때보다 서민들의 내 집 마련 문제 해결에 대한 기대가 높다. 하지만 현실은 결코 그렇게 녹록치 않다. 대외적으로는 러시아·우크라이나 전쟁, 미국·중국과의 갈등, 대북관계는 물론 코로나 19로 기인한 인플레이션 등 국제적 문제들이 산적하다. 그리고 이들 문제를 해결하기 위해 미국 등 선진 각국이 어쩔 수 없이 꺼내들어야 하는 금리인상은 국외는 물론, 국내 경제 전반을 억누르게 될 것이 자명하다. 대내적으로도 금리인상에 따른 경기침체 문제에 대한 우려가 상존하고 있는 데다 대선 과정에서 여소야대 국면이 만들어지면서 그 어느 때보다 불안정성이 높아진 상황이다.

이런 이유로 인해 새 정부가 들어서면서 국내 부동산시장도 재건축·리모델링 규제 완화에 대한 기대감에 고조되고 있음에도 불구하고, 집값 불안현상에 대한 조짐이 여전히 사라지지 않는 것도 분명한 사실이다. 그래서 문재인 정부의 부동산 정책 실패로 탄생한 윤석열 정부의 부동산 정책은 그만큼 혁신적이고 현실적이어야 하며, 서민친화적이어야 하는 숙제를 안고 있다. 이제 공은 윤석열 정부로 넘어왔다. 과연 집값이 어떤 방향으로 움직이게 될 것인지는 오롯이 윤석열 정부의 부동산 정책에 달려 있다. 그래서 윤석열 정부의 부동산시장을 조망하는 것은 매우 중요하다. 특히 서민들이 그토록 소망하는 내 집 마련을 위해서 그렇다.

그런 관점에서 이 책은 윤석열 대통령이 후보 그리고 당선자 시절 약속했던 공약과 언론 인터뷰 등을 살펴보면서, 향후 대한민국 부동산시장에서 어떤 긍정적 혹은 부정적 흐름이 나타나게 될 것인지를 철저히 분석했다. 아울러 새 정부의 부동산시장을 분석한 이 책이 독자 여러분들의 내 집 마련에 미력이나마 도움이 될 수 있기를 기대한다.

2022년 5월의 어느 날
저자 일동

목차

Chapter 1 대한민국 부동산시장은 어떻게 바뀔 것인가?

1. 윤석열 정부의 부동산시장을 이해하라 012
2. 문재인 정부의 부동산시장은 새 정부 부동산시장을 보는 창이다 016
3. 금리상승을 두려워하지 마라 019
4. 인플레이션이 불러올 나비효과가 우려된다 023
5. 조정은 있어도 폭락은 없다 026

Chapter 2 윤석열 정부의 부동산 공약은 현실화될 수 있을까?

1. 다주택자 양도소득세 완화는 실현될까? 033
2. 종합부동산세와 재산세 변화는 현실화될 수 있을까? 036
3. 지방과의 균형발전은 지속적으로 추진될까? 041
4. 재개발·재건축·리모델링이 활성화될까? 044

5. 공급활성화로 집값 안정화는 가능해질까? ⋯⋯⋯⋯⋯⋯⋯⋯⋯⋯⋯⋯⋯⋯⋯⋯⋯⋯⋯ **049**

6. 임대차 3법 보완에 따라 임대차시장도 긍정적으로 변할까? ⋯⋯⋯⋯⋯⋯⋯ **055**

Chapter 3

새 정부의 대한민국 부동산 투자 지형도

1. 서울특별시의 부동산 지형도는 어떻게 바뀔 것인가? ⋯⋯⋯⋯⋯⋯⋯⋯⋯⋯⋯ **060**

2. 경기도의 부동산 지형도는 어떻게 바뀔 것인가? ⋯⋯⋯⋯⋯⋯⋯⋯⋯⋯⋯⋯⋯ **068**

3. 인천광역시의 부동산 지형도는 어떻게 바뀔 것인가? ⋯⋯⋯⋯⋯⋯⋯⋯⋯⋯ **078**

4. 세종·충청권의 부동산 지형도는 어떻게 바뀔 것인가? ⋯⋯⋯⋯⋯⋯⋯⋯⋯ **086**

5. 광주·호남권의 부동산 지형도는 어떻게 바뀔 것인가? ⋯⋯⋯⋯⋯⋯⋯⋯⋯ **098**

6. 부산·대구·영남권의 부동산 지형도는 어떻게 바뀔 것인가? ⋯⋯⋯⋯⋯ **107**

7. 강원·제주의 부동산 지형도는 어떻게 바뀔 것인가? ⋯⋯⋯⋯⋯⋯⋯⋯⋯⋯ **117**

Chapter 4

새 정부 5년, 주목해야 할 지역

1. 도심집중현상이 나타날 곳은 어디인가? ⋯⋯⋯⋯⋯⋯⋯⋯⋯⋯⋯⋯⋯⋯⋯⋯⋯⋯ **124**

2. 광역철도망 수혜 지역은 어디인가? ⋯⋯⋯⋯⋯⋯⋯⋯⋯⋯⋯⋯⋯⋯⋯⋯⋯⋯⋯⋯ **131**

3. 일자리가 늘어나는 평택시 141

4. 자족기능이 지켜줄 천안·아산 145

5. 행정도시로서의 업그레이드 기능 도시, 세종시 150

6. 더욱 크게 열리는 리모델링 장터 154

7. 틈새시장 1 : 소규모주택 정비사업 157

8. 틈새시장 2 : 지방소멸을 막아줄 수 있느냐가 걸려 있는 도시재생사업 ... 168

Chapter
5

새 정부에서 반드시 챙겨야 할 부동산 투자 원칙

1. 직주근접성에 주목하자 174

2. 대중교통망이 잘 갖춰진 곳을 찾아라 177

3. 인구감소 문제에서 자유로울 수 있는 곳이 유망하다 184

4. 학교 인프라는 학령인구로 판단하라 190

5. 부동산 정책과 언론의 흐름을 예의 주시하라 196

6. 실수요를 기초로 투자까지 겸비하는 자세가 필요하다 201

7. 돈 되는 아파트를 선택할 수 있는 안목을 키워라 205

8. 고수익을 기대할 수 있는 상가를 선택하는 지혜가 필요하다 ... 210

Chapter 6 MZ 세대의 내 집 마련 전략

1. 낡은 집을 사서 아파트로 갈아타라 218

2. 경매·급매를 적극 활용하라 224

3. 신규 분양을 포기하자 마라 229

4. 역세권 첫 집을 주목하라 233

5. 장기호재 요인이 있는 지역 주변의 구축 아파트를 노려라 236

부록 콕 찍어! GTX 투자유망지역!

대한민국
부동산시장은
어떻게 바뀔 것인가?

1. 윤석열 정부의 부동산시장을 이해하라
2. 문재인 정부의 부동산시장은 새 정부 부동산시장을
   보는 창이다
3. 금리상승을 두려워하지 마라
4. 인플레이션이 불러올 나비효과가 우려된다
5. 조정은 있어도 폭락은 없다

1.
윤석열 정부의
부동산시장을
이해하라

새로운 정부가 출범할 때마다 부동산시장은 늘 초미의 관심사가 되곤 했다. 부동산시장이 과열이었을 때도 그랬고 그 반대로 침체되었던 때도 그래왔다. 예를 들면, IMF를 이겨내야 하는 시대적 요구를 감당하며 출범했던 김대중 정부는 부동산시장에 온기를 불어넣어야 하는 운명도 함께 짊어지고 있었다. 반대로 부동산시장이 과열양상에서 출범했던 노무현 정부는 부동산시장의 안정적인 관리가 화두였다. 그렇다면 문재인 정부는 어땠을까?

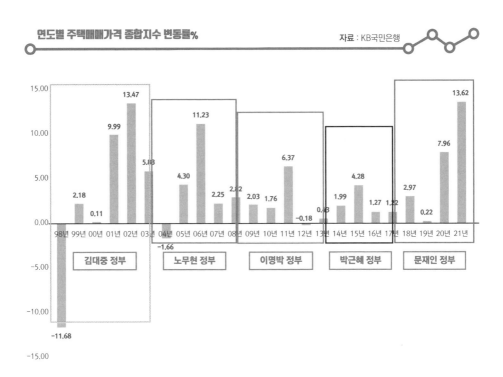

문재인 정부 출범 당시의 부동산시장 상황을 한 마디로 요약하면 전임 박근혜 정부 임기 중반이었던 2014년부터 수도권 집값 상승현상이 나타나면서 각종 부동산 대책들이 발표된 이후였기에 집값 불안이 엄습할 조짐이 살짝 엿보이던 시점이었다고 할 수 있

다. 그래서였을까? 문재인 정부의 부동산시장을 바라보는 관점은 임기 초부터 매우 확실했다. 강력한 규제에 기반을 둔 투기억제가 일관된 정책기조였다. 강력한 규제 덕분에 임기 초에는 집값이 안정되는 모습을 보였다. 이 같은 흐름은 통계보노 확인할 수 있나.

KB국민은행의 전국 주택매매가격 지수 변동률을 보면 문재인 정부 출범 후 2년 간 전국의 주택매매가격 지수 변동률은 전년 대비 각각 2.97%, 0.22% 상승에 그친 것으로 나타났다. 강력한 규제가 주택수요를 누른 결과라고 해석할 수 있다. 그러나 강력한 규제가 성공하는 모습을 보인 것이 오판을 불러오게 된다. 공급이 동반되지 않는 수요억제는 결코 시장을 이길 수 없다는 시장의 법칙을 과소평가한 것이다. 이에 더해 코로나19로 인한 양적완화 유지, 글로벌 저금리 현상까지 더해지면서 자산시장에 급격한 자금유입현상이 발생하게 된다. 당연히 주택시장에도 투기 수요가 넘쳐나는 환경이 조성되었다. 그 결과는 어땠을까? 우리가 경험한 주택가격 폭등장이 연출되었다.

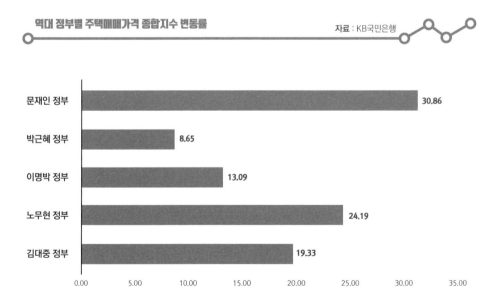

역대 정부별 주택매매가격 종합지수 변동률　　　　자료 : KB국민은행

정부	변동률
문재인 정부	30.86
박근혜 정부	8.65
이명박 정부	13.09
노무현 정부	24.19
김대중 정부	19.33

결론적으로 문재인 정부는 역대 정부 대비 압도적으로 집값이 폭등한 성적을 받아들게 되었고 이런 결과는 정권 재창출에 실패한 가장 큰 원인으로 작용했다. 그렇다면 윤석열 정부는 어떤 관점으로 부동산시장을 바라보게 될까? 이 질문에 대한 답은 부동산시장 그 중에서도 집값이 왜 그토록 문제가 되고 있는지를 분석함으로써 찾을 수 있다.

저금리와 양적완화라는 경제변수, 강력한 대출규제를 통한 수요억제, 양도소득세 및 취득세라는 거래세 강화로 처분이라는 퇴로를 차단한 상태에서 종합부동산세로 대표되는 보유세 부담 강화, 임대차3법이라 불리는「부동산 거래신고 등에 관한 법률」전월세신고제」,「주택임대차보호법」전월세상한제·계약갱신청구권제」의 개정에 따른 임대차시장 불안현상 등이 주택가격 폭등현상의 주범이라고 할 수 있다.

그렇다면 이제 윤석열 정부의 부동산 정책이 어떤 쪽에 방점이 찍히게 될지는 어느 정도 예측이 가능할 것 같다. 적어도 입법부의 협조가 절실한 경우가 아닌 이상 가능한 규제는 신속하게 완화될 것으로 예상된다. 다시 말해 시장 친화적 기조가 형성될 것이란 뜻이다. 물론 더불어민주당이 협조하지 않는다면 법률 개정이 불가능해 규제완화가 불가능한 부분도 상당히 많다. 그러나 더불어민주당도 여론을 대놓고 무시하기 힘든 처지라는 점에서 볼 때 정부와 집권 여당이 국민적 공감대를 얻을 수 있는 형태로 규제완화의 필요성을 역설할 수만 있다면 더불어민주당의 협조를 이끌어 낼 수 있을 것으로 보인다.

2.
문재인 정부의
부동산시장은
새 정부 부동산시장을
보는 창이다

새 정부의 부동산시장이 어떻게 움직이게 될 것인지를 전망하기 위해서는 직전 정부의 부동산 정책을 읽는 것이 그 무엇보다 중요하다. 그렇기 때문에 윤석열 정부의 부동산시장을 미리 엿보기 위해서는 문재인 정부의 부동산시장을 살펴보는 것이 선행되어야 한다. 문재인 정부의 부동산 성적표는 낙제점이라고 할 수 있다.

KB국민은행의 주택매매가격 종합지수 변동률 분석결과에 따르면, 문재인 정부 5년 간 주택매매가격 변동률은 30.86%인 것으로 나타났다. 역대 정부에 비해 압도적으로 높은 수치인 것은 분명하지만 피부로 느끼는 집값 상승률과는 다소 괴리가 있어 보이는 수치다. 그러나 아파트로 그 범위를 좁혀보면 얘기가 달라진다. 다음은 KB국민은행의 전국 아파트 매매가격 지수 추이인데, 이를 보면 아파트 매매가격이 앞서 살펴 본 전체 주택 매매가격 평균에 비해 상대적으로 더 상승했음을 확인할 수 있다.

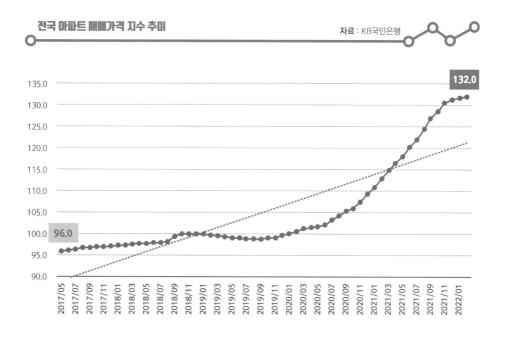

전국 아파트 매매가격 지수 추이   자료 : KB국민은행

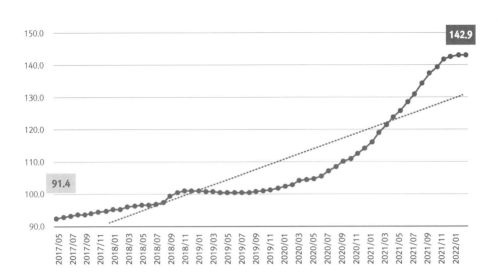

수도권 아파트 매매가격 지수 추이　　　　　　　　자료 : KB국민은행

150.0

140.0　　　　　　　　　　　　　　　　　　　　　　　　　**142.9**

130.0

120.0

110.0

91.4

100.0

90.0

2017/05　2017/07　2017/09　2017/11　2018/01　2018/03　2018/05　2018/07　2018/09　2018/11　2019/01　2019/03　2019/05　2019/07　2019/09　2019/11　2020/01　2020/03　2020/05　2020/07　2020/09　2020/11　2021/01　2021/03　2021/05　2021/07　2021/09　2021/11　2022/01

　　또한 수도권으로 범위를 좁혀보면 그 정도가 더욱 심화되었다는 것도 알 수 있다. 위의 그래프를 보면 수도권 아파트 매매가격이 전국 아파트 매매가격에 비해 상승폭이 컸다는 것을 어렵지 않게 유추해볼 수 있다. 위와 같은 집값 상승, 특히 아파트 가격의 상승은 MZ 세대들이 코인이나 주식에 열광하는 중요한 이유 가운데 하나로 작용했다. 이런 점들이 문재인 정부와 더불어민주당이 정권 재창출에 실패한 가장 큰 이유다. 그래서 문재인 정부의 부동산시장은 새 정부 부동산시장을 엿볼 수 있는 창이라고 할 수 있다. 다만, 차이가 있다면 문재인 정부의 철저한 실패를 답습하지 않기 위해 노력할 것이라는 점에서 새 정부의 부동산시장은 문재인 정부의 부동산시장과 거의 대비되는 방향으로 움직일 것으로 예상된다.

3.
금리상승을
두려워하지 마라

거시경제 변수 측면에서 주식시장이나 채권시장 그리고 부동산시장을 통칭하는 자산시장에 가장 큰 영향을 주게 될 변수로 금리를 손꼽을 수 있다. 보통 자산시장은 금리변동에 민감하게 반응한다. 예를 들어, 금리가 상승하면 주식과 채권 가격은 하락하는 반면, 은행은 예·적금 금리 인상에 따라 자금이 몰려들게 되는 한편, 대출금리 상승에 따라 예대마진이 커지기 때문에 은행과 같은 금융기관들의 실적이 개선된다.

부동산시장 역시 마찬가지다. 부동산도 정도의 차이만 있을 뿐 주식이나 채권과 마찬가지로 은행의 예·적금 상품에 비해 위험한 자산이라는 특징이 있다. 그렇기 때문에 투자자들은 금리가 상승하게 되면 부동산에 비해 상대적으로 덜 위험한 자산인 예·적금을 더 선호하는 경향을 보인다. 이런 이유로 투자자들이 부동산이나 주식·채권을 처분해 예·적금이나 보다 안전한 자산으로 갈아타는 현상이 나타나기 시작하는 시점은 보통 금리가 상승할 것이라는 신호가 나타날 때라고 할 수 있다.

한편, 자기자본이 아닌 대출을 받아 투자하는 투자자들의 입장에서도 금리상승은 악재 요인이라고 할 수 있다. 투자에 소요된 원리금 상환 부담이 전보다 더 증가하게 될 것이기 때문이다. 즉, 자기자본으로 투자를 하던 타인자본인 대출을 받아 투자를 하던 금리상승은 투자에 악재 요인이라고 볼 수 있다.

그렇기 때문에 2021년 5월 이후 지속적으로 상승하는 모습을 보인 대출금리 추이를 눈여겨볼 필요가 있다. 예금금리가 되었던 대출금리가 되었던 금리상승 자체는 주식이나 채권, 부동산에 투자하기를 원하는 투자자들에게는 분명 악재 요인이라고 할 수 있기 때문이다. 하지만 금리상승이 무조건 악재 요인으로만 작용하는 것은 아니다. 오히려 경우에 따라서는 좋은 자산을 저렴하게 매입할 수 있는 기회를 제공하기도 한다. 예를 들어, 주식투자자들은 종종 금리상승기에 낙폭이 커 저평가 메리트가 돋보이는 기술주에 투자함으로써 상당한 초과수익을 거두곤 한다. 부동산 투자 역시 다르지 않다. 금리가 상승하면 원리금 상승부담을 이기지 못하고 보유 부동산을 매각하고자 하는 사람

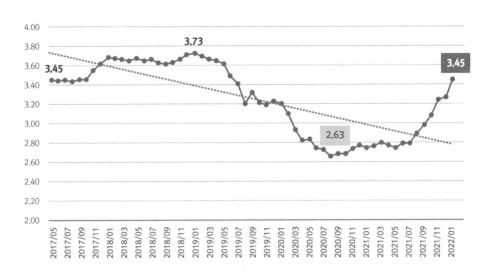

들이 늘어나게 된다. 바로 이때 저평가 메리트가 부각되기 쉽다.

하지만 일단 부동산 가격이 하락하면 가격조정이 많이 이루어졌다는 것을 알면서도 선뜻 매입에 나서기 어려워진다. 혹여나 추가적인 하락으로 손해를 보지 않을까 하는 우려 때문이다. 누구든 주저 없이 부동산 매입에 나설 수 있다면 그 시장은 더 이상 저평가 메리트를 기대할 수 없는 시장이다. 따라서 선뜻 부동산 매입에 나설 수 없는 시장이야말로 저평가된 부동산을 매입할 수 있는 기회를 제공하는 시장이라고 할 수 있다. 그러므로 코로나19라는 굴레에서 점차 벗어나고 있고 경기회복에 따라 본격적인 금리상승이 예상되는 2022년은 분명 금리상승을 두려워하지 않고 입지가 좋은 지역의 부동산을 매입할 적기가 될 것이 분명하다. 금리상승을 마냥 두려워해서는 안 되는 이유이다.

4.
인플레이션이 불러올
나비효과가
우려된다

2022년 3월 미연방준비제도이하 미연준 이사회가 3년만에 기준금리를 현재 0.00~0.25%에서 0.25~0.50%로 0.25%포인트 인상했다. 이로써 제로금리에서 벗어난 것이다. 미국이 기준금리 인상에 나서게 됨에 따라 유럽중앙은행도 올해 내 기준금리 인상에 나설 것으로 보여 벌써부터 국내에서도 지속적으로 기준금리를 인상하게 될 것이라는 전망이 나오고 있다.

미국 중앙은행 기준금리 변동 추이   자료 : 네이버 프리미엄콘텐츠 도시부자 김사부

여기서 관건은 미연준이 과연 얼마나 빠른 속도로 기준금리 인상에 나서게 될 것이냐는 점이다. 그 답은 미연준 위원들이 각자의 향후 기준금리 전망치를 모아 둔 표인 점도표에서 찾을 수 있다. 점도표에 따르면. 2022년 말 기준금리는 1.9%, 2023년 말에는 2.8%가 될 것으로 예상된다. 물론 코로나19나 고용지표 등 여러 가지 복합적인 원인에 따라 변경될 여지는 충분하지만 금리상승이라는 방향성은 확실히 정해진 것이라고 볼 수 있다.

미연준이 이처럼 적극적으로 기준금리 인상에 시동을 건 이유는 무엇보다 인플레이션과의 전쟁을 위해서다. 경제학에서는 인플레이션물가과 실업률 사이에는 반비례 관계가 성립되는 것으로 보고 있다. 그래서 실업률을 낮추기 위해 일정 수준의 인플레이션을 수용할 것이냐 아니면 인플레이션 문제를 해결하기 위해 일정 수준의 실업률을 용인할 것이냐가 늘 경제정책의 화두가 되곤 한다. 이런 점에서 볼 때, 미연준은 지금이야말로 인플레이션과의 전쟁을 해야 할 시점이라고 보고 있다. 현재 미국의 실업률은 완전고용에 가까운 낮은 실업률을 유지하고 있기 때문이다.

우리나라 역시 물가가 심상치 않은 모양새다. 유류세 인하 조치를 했음에도 불구하고 무섭게 치솟는 휘발유 가격이 이를 단적으로 보여주는 것이라고 할 수 있다. 인플레이

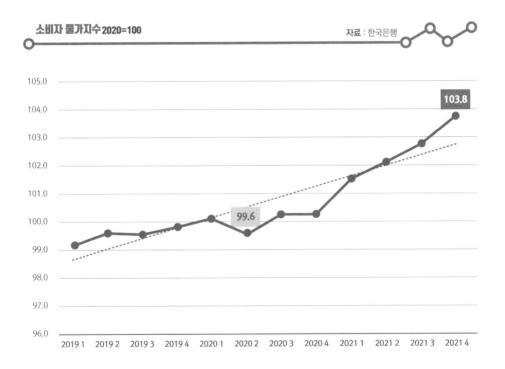

소비자 물가지수 2020=100   자료 : 한국은행

션에 대한 대응이 필요한 시점인 것이다. 한국은행의 2022년 2월 경제전망보고서는 '에너지·원자재가격 상승, 글로벌 공급병목 등의 영향으로 물가상승 압력이 광범위하게 확산되면서 올해 소비자물가 상승률은 지난 해 수준을 상당폭 상회할 전망'이라고 적었다. 직설적으로 표현하면, 인플레이션이 우려된다는 뜻으로 해석할 수 있는 것이다. 앞의 그래프는 국내 소비자물가지수 추이를 보여주는 것이다.

이 그래프에 따르면, 소비자 물가지수가 가파르게 상승하고 있음을 알 수 있다. 그만큼 인플레이션이 심화되고 있다는 뜻이다. 미연준의 금리인상에 따른 압박에 더해 한국은행금융통화위원회가 기준금리 인상에 나설 수밖에 없는 환경이 조성되고 있는 것이다. 한편, 인플레이션은 자산가격이 과도하게 상승하는 강력한 동인이다. 그런데 인플레이션에 대응하기 위해 미연준이나 한국은행이 기준금리 인상에 나서게 되면 정도의 차이만 있을 뿐 자산가격에 형성되어 있는 거품이 꺼지게 된다. 이때 꺼지는 거품의 크기에 따라 조정 혹은 폭락 현상이 발생하게 된다. 인플레이션이 일정 기간 동안 자산가격 상승에 강력한 동인이 되지만 최종적으로는 오히려 자산가격의 조정 내지는 폭락을 조장하는 동인이 되는 것이다. 그렇다면 2022년 현재까지 지속되고 있는 인플레이션은 자산가격 상승의 동인이 될까? 아니면 자산가격의 조정 내지는 폭락을 이끄는 동인이 될까?

5.
조정은 있어도
폭락은 없다

2022년에 접어들면서 집값이 하락하기 시작했다는 언론보도가 빈번해졌다. 실제로 실거래 자료를 보면 서울을 비롯한 수도권 주요 지역에서 집값이 하락하는 모습을 보였다. 그래서 그런 것일까? 한 발 더 나아가 금리인상이 예상보다 빠르게 진행될 경우 영끌해서 내 집 마련에 나선 사람들 중 상당수는 대출 원리금 상환에 못 이겨 어렵게 장만한 아파트를 처분하게 될 것이라는 전망까지 나오고 있다. 만일 그런 상황이 오게 된다면 또 다시 하우스푸어가 사회문제화될 수도 있을 것이다.

과연 그런 상황에까지 이르게 될까? 그럴 가능성은 높지 않다. 물론 집값이 최근 몇 년처럼 큰 폭으로 상승할 것이라는 뜻은 아니다. 단기간에 가격이 급등했다면 조정을 거치는 것은 너무 당연하기 때문이다.

아래 그래프는 KB국민은행의 월간시계열 데이터를 나타낸 것이다. 분석대상 기간은 1986년 1월~2022년 2월까지다. KB국민은행의 월간시계열 데이터는 오랜 기간 누적된

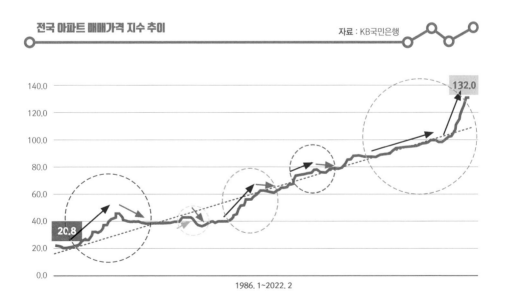

전국 아파트 매매가격 지수 추이   자료 : KB국민은행

1986. 1~2022. 2

것인 만큼 집값이 어떻게 변동되어 왔는지를 살펴보는 데 매우 유의미하다. 그래서 각종 연구활동이나 공공·민간의 부동산 관련 사업에서 많이 활용되고 있는 데이터이기도 하다. 철저하게 시계열 데이터가 보여주고 있는 결과만 놓고 보면, 대한민국 집값은 영원한 하락도, 또한 영원한 상승도 결코 가능하지 않다는 것을 확인할 수 있다. 즉, 완만한 상승이 아닌 이상 상승 후에는 반드시 정도의 차이만 있을 뿐 조정국면을 거치게 된다는 뜻이다.

그래프를 보면 최근 몇 년에 걸친 기간 동안 대한민국 아파트 가격은 역대 그 어느 때와 비교해도 가장 큰 폭으로 상승했다. 아파트 매매가격 지수가 압도적으로 가파르게 상승하는 모습을 보였기 때문에 이는 누구도 부정할 수 없는 사실이다. 상승이 있으면 반드시 조정이나 대세하락이 발생하는 것이야말로 지극히 정상적인 현상이라고 할 수 있다.

그렇다면 윤석열 정부에서 집값은 어떻게 될까? 상승할까? 아니면 조정 혹은 대세하락에 접어들게 될까? 그 답은 새 정부가 당초 약속했던 주택공급 공약을 얼마나 충실히 이행하느냐에 따라 달라지게 될 것이다. 만일 공약대로 주택공급이 원활하게 이루어진다면 공급물량이 공급폭탄 역할을 함으로써 대세하락으로 이어질 가능성이 높다. 반면 주택공급이 공약대로 충분히 이루어지지 않는다면 일시적인 조정 이후 재상승할 것이다.

최근 몇 년 대한민국 아파트 가격은 과도하게 상승했다. 따라서 가격조정은 지극히 정상적인 것이다. 만일 새 정부에서 가격조정이 발생하지 않을 경우 머지않은 미래에 가격거품은 반드시 터지게 될 것이고 그때 대한민국 주택시장은 엄청난 후유증을 경험하게 될 것이다. 하지만 현실적으로 여야가 협의해 적정 수준의 주택공급이 가능할 수 있을지가 불분명하다. 그래서 대한민국 집값은 당분간 조정은 있어도 폭락은 없을 것으로 예상된다.

Chapter
2

윤석열 정부의
부동산 공약은
현실화될 수 있을까?

1. 다주택자 양도소득세 완화는 실현될까?

2. 종합부동산세와 재산세 변화는 현실화될 수 있을까?

3. 지방과의 균형발전은 지속적으로 추진될까?

4. 재개발·재건축·리모델링이 활성화될까?

5. 공급활성화로 집값 안정화는 가능해질까?

6. 임대차 3법 보완에 따라 임대차시장도 긍정적으로 변할까?

1.
다주택자
양도소득세 완화는
실현될까?

문재인 정부는 집값을 잡기 위해 세제 강화라는 카드를 사용했다. 어떤 점에서 보면 세금이 집값 관리를 위해 활용된 것이다. 하지만 싫든 좋든 역설적으로 양도소득세는 종합부동산세와 함께 문재인 정부에서 부동산 정책이 실패하도록 만든 주범이 되고 말았다. 그런 점에서 새 정부는 양도소득세 완화에 적극적으로 나서게 될 것이 분명하다. 실제로 대선 공약집을 보면 '다주택자에 대한 양도세 중과세율 적용을 최대 2년 간 한시적으로 배제해 다주택자의 주택 매각을 유도하겠다.'는 내용도 있다. 양도소득세 완화를 이해하기 위해서는 먼저 양도소득세가 어떻게 계산되는지에 대한 구조를 먼저 이해해야 한다.

양도소득세 계산 구조

자료 : 국세청, 도시부자 김사부 정리

구분		내용	계산
양도가액	차감항목	*양도가액은 실거래가액	********
	(-)취득가액	*취득가액은 실거래가액	
	(-)필요경비	*취득세, 중개수수료 등등	
= 양도차익			
	(-)장기보유특별공제	*보유 및 거주기간 고려	
= 양도소득금액			
	(-)기본공제	*인별 1년 250만원 공제	
= 과세표준			
× 세율	▶ 기본세율 1,200만 원 이하 6% 1,200만 원 초과 ~ 4,600만 원 이하 15% 4,600만 원 초과 ~ 8,800만 원 이하 24% 8,800만 원 초과 ~ 1억 5천만 원 이하 35% 1억 5천만 원 초과 ~ 3억 원 이하 38% 3억 원 초과 ~ 5억 원 이하 40% 5억 원 초과 ~ 10억 원 이하 42% 10억 원 초과 45%		

구분		내용	계산
× 세율	▶ 1가구 2주택 기본세율에 조정지역은 +20% ▶ 1가구 3주택 이상 기본세율에 조정지역은 +30%		
= 양도소득금액			

양도소득세 계산구조를 보면 양도가액이나 취득가액은 실제 거래가액이기 때문에 양도소득세 강화와 무관하다고 볼 수 있다. 따라서 이론적으로만 보면 양도소득세 완화가 이루어진다면 장기보유 특별공제나 세율과 관련된 것이 될 수밖에 없다. 그런데 장기보유 특별공제는 일정 기간 이상 보유한 1주택자들에게만 주어지고 있는 혜택이다. 그렇기 때문에 다주택자에게까지 장기보유 특별공제를 적용하기는 현실적으로 불가능할 것으로 보인다. 이런 이유로 양도소득세 완화는 결국 세율을 낮추는 방향으로 개정이 되느냐에 달려 있다고 보는 것이 정확하다. 바로 이 지점이 우리가 직시해야 부분인데 새 정부의 양도소득세 완화는 크게 세 가지 방면에서 접근할 것으로 예상된다.

첫째, 1주택자에 대한 양도소득세 완화다.

1세대 1주택자에 대한 양도소득세 완화는 더불어민주당이나 국민의 힘 모두 필요성에 공감하고 있는 부분이기 때문에 조속히 추진될 것으로 보인다.

둘째, 다주택자에 대한 양도소득세 완화다.

위에서 언급한 것처럼 양도소득세에 적용되는 세율을 낮추는 것이 될 것이다. 현재 1세대 2주택자는 최대 65%, 1세대 3주택 이상자는 최대 75%의 세율이 적용되는 것을 보면 가히 징벌적이라고 표현해도 어색하지 않을 정도로 엄청나기 때문이다. 현재 예상되는 완화 방안은 한시적으로 2년 간 중과세율 적용을 배제하는 것이다.

셋째, 주택임대사업자에 대한 양도소득세 중과 배제 적용 부활이다.

문재인 정부는 주택임대사업이 투기를 위한 수단으로 전락되고 집값 불안을 양산한다고 판단해 4년, 8년 등록임대사업의 신규 등록을 중단했다. 이런 부동산 정책은 민간임대시장이 위축되게 함으로써 임대차시장 불안을 야기하는 원인 가운데 하나가 되기도 했다. 주택임대사업자에 대한 양도소득세 중과 배제 적용 부활은 어찌 보면 양도소득세 자체를 줄여주는 것이 목적이 아니라 임대차시장의 안정을 위한 것이라고 볼 수 있다. 하지만 현실적으로 더불어민주당의 협조가 없을 경우 양도소득세 완화는 결코 쉽지 않을 전망이다.

그 이유는 무엇일까? 바로 세율완화가 소득세법 개정사항이기 때문이다. 소득세법을 개정하기 위해서는 더불어민주당의 협조가 필수적이다. 그런데 더불어민주당의 기본적인 입장은 1세대 1주택자는 몰라도 1세대 2주택 이상 다주택자에 대한 양도소득세 완화는 어렵다는 것이다. 따라서 양도소득세 완화는 아마도 장기 과제가 될 것이다.

보유세 문제는 20대 대선의 향방을 결정한 매우 중요한 이슈로 작용했던 것으로 보인다. 실제로 보유세 부담이 크게 늘었던 지역들일수록 종부세 등 보유세 완화를 중요 공약으로 내걸었던 윤석열 대통령을 지지했던 것으로 나타났기 때문이다. 중앙선거관리위원회의 서울특별시 선거결과 자료를 보면 재미있는 현상을 발견할 수 있는데, 이 같은 결과는 새 정부가 보유세 완화에 적극적으로 나서는 이유라고 해석할 수 있다.

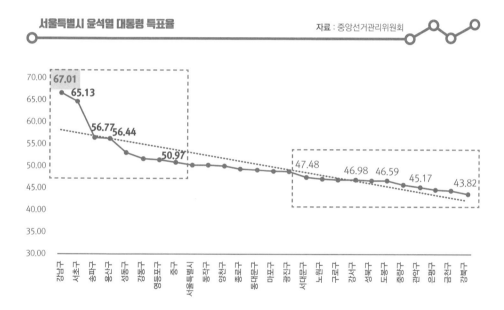

서울특별시 윤석열 대통령 득표율 　자료 : 중앙선거관리위원회

윤석열 대통령의 득표율이 높았던 강남구, 서초구, 송파구, 용산구, 중구는 2020년 기준 종부세 결정세액도 높았던 지역들이었다. 그렇다면 이런 현상이 서울특별시에서만 나타났던 것일까요? 그렇지 않다. 전국적으로 비슷한 양상이 나타났다. 실제로 더불어민주당의 텃밭인 광주광역시에서도 비슷한 현상이 나타났다. 윤석열 대통령의 광주광역시 전체 득표율은 12.72%였다. 그런데 광주광역시 자치구별 득표율 그 중에서도 동별

득표율을 보면 조금 다른 모습을 발견할 수 있다. 남구 봉선2동에서 유독 여타 자치구 및 동과 비교했을 때 윤석열 대통령의 득표율이 높았다는 점이 그것이다.

왜 이런 현상이 나타났을까? 가장 큰 이유는 봉선2동이 광주광역시 내에서도 전문직들이 많이 거주하고 있는 부촌이기에 집값이 높을 수밖에 없다는 점, 그래서 종부세 부담에 대한 불만이 광주광역시 여타 지역에 비해 높을 수밖에 없다는 점이다. 물론 봉선2동이 광주광역시 내 여타 지역에 비해 더불어민주당 지지율이 상대적으로 낮은 특징을 보이는 곳이다. 여기에 종부세로 대표되는 보유세 부담이 윤석열 대통령에 대한 지지율로 이어진 것이라고 볼 수 있다.

다음 그래프는 윤석열 대통령의 광주광역시 남구 동별 득표율이다.

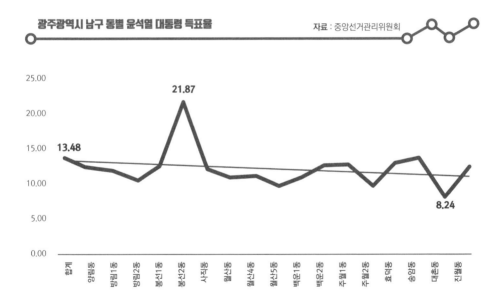

그래프를 보면 봉선2동의 득표율이 여타 동들에 비해 두드러지게 높은 것을 확인할 수 있다. 더 놀라운 사실은 광주광역시 남구 중에서도 특히 고가 아파트가 밀집되어 있는 봉선2동 제5투표소에서는 윤석열 대통령의 득표율이 더욱 높은 것으로 나타났다는 점이다. 무려 39.11%라는 득표율을 기록했으니 상대적으로 엄청난 득표율임을 알 수 있다.

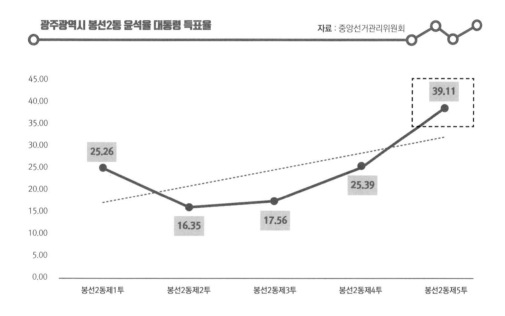

이처럼 종부세가 단순히 보유세라는 점을 넘어 득표율에까지 영향을 미치는 중요한 선거변수가 되었다는 점에서, 새 정부는 종부세 완화에 적극 나설 수밖에 없을 것으로 보인다. 윤석열 대통령은 현재 1주택자 종부세율0.6~3.0%을 문재인 정부 출범 이전 수준 0.5~2.0%으로 낮추고, 보유기간이 오래된 1세대 1주택 소유자를 대상으로 연령과 상관없이 주택 양도 혹은 상속 시까지 종부세 납부를 이연해주며, 한편 1세대 1주택자의 종부세 부담이 직전 연도 대비 과도하게 증가하지 않도록 종부세 부담 증가율 상한을 현재

보다 낮추는 방안까지 공약으로 내걸었다.

물론 종부세 개편은 법 개정이 필요한 사안이기에 더불어민주당의 협조 없이는 현실적으로 불가능한 측면이 있다. 하지만 법 개정 없이도 대통령령 개정만으로 공정시장가액비율을 조정해 종부세 부담을 완화할 수 있다는 점에서 빠른 시일 내 종부세 부담완화는 현실화될 수 있을 것으로 예상된다. 이에 더해 적어도 1세대 1주택자에 대한 종부세 부담 완화는 여야를 막론하고 적극 추진될 가능성이 매우 높다. 더불어민주당의 협조가 이루어지지 않아 종부세 부담이 증가하게 될 경우 종부세는 언제든지 중요한 선거변수가 될 것이다.

국토균형발전은 해묵은 과제이지만 선거 때마다 빠지지 않고 등장하는 단골 이슈가 된 지 오래다. 그만큼 수도권과 비수도권의 격차가 크고 수도권은 수도권대로, 비수도권은 비수도권대로 지역 간 격차가 발생하고 있는 데다 어느 정도도 시간이 지날수록 커지고 있다는 방증이기도 하다. 그래서일까? 새 정부에서도 국토균형발전을 위한 노력은 계속 될 것으로 보인다. 특히, 상대적으로 지방에 초점을 맞추게 될 전망이다. 가장 먼저 인구 감소 문제의 직격탄을 맞을 곳이 지방이고 이 문제를 극복하지 못할 경우 국토균형발전 은 허망한 구호에 불과할 것이기 때문이다.

통계청 인구추계에 따르면 수도권보다는 지방이 압도적으로 인구감소에 노출될 것 이고 그 중에서도 대도시권이 아닌 지역들이 집중적으로 타격을 받을 것으로 예상되고 있다. 아래 표는 광역자치단체별로 구분한 중위 가정에 따른 총인구 추계자료로 냉혹한 미래 인구모습을 보여주고 있다.

중위 가정에 따른 총인구 추계　　　　　　　자료 : 통계청 www.kostat.go.kr

단위 : 만 명

지역/연도	2017년	2020년	2025년	2030년	2035년	2040년	2045년	2047년	'17년 대비 '47년 증감	증감률%
전국	5,136	5,178	5,191	5,193	5,163	5,086	4,957	4,891	-245	-4.8
부산	342	334	321	311	301	289	274	268	-74	-21.7
대구	246	242	235	228	222	214	204	200	-46	-18.6
광주	150	149	145	142	138	134	129	126	-23	-15.5
대전	153	150	146	144	142	139	134	133	-20	-13.3
울산	116	114	112	110	107	103	99	97	-19	-16.5
세종	27	35	42	48	53	56	59	59	33	124.0
강원	152	152	151	152	152	151	149	147	-5	-3.2
충북	161	163	165	167	168	168	165	163	3	1.6
충남	215	220	227	232	235	236	234	232	16	7.6
전북	183	179	175	172	169	165	161	158	-25	-13.4
전남	180	176	173	172	170	167	163	161	-18	-10.3

지역/연도	2017년	2020년	2025년	2030년	2035년	2040년	2045년	2047년	'17년 대비 '47년	
									증감	증감률%
경북	268	266	262	259	256	250	242	238	-29	-10.9
경남	334	335	334	332	328	320	309	304	-30	-9.0
제주	63	67	72	75	78	79	79	78	15	23.5
수도권	2,548	2,596	2,630	2,648	2,645	2,615	2,557	2,526	-22	-0.9
중부권	708	720	732	744	751	750	741	734	27	3.8
호남권	575	571	565	560	555	545	531	523	-51	-8.9
영남권	1,306	1,291	1,264	1,241	1,213	1,176	1,129	1,107	-199	-15.2

　　군이 저위가정을 언급하지 않더라도 현재로서는 매우 낙관적으로 생각할 수 있는 중위가정에 따른 추계임에도 불구하고 2047년 추계인구는 전국적으로 2017년 대비 245만 명의 인구가 감소할 것으로 예측되었다. 여기서 주목할 부분은 수도권은 22만 명 감소하는 데 비해 지방은 무려 223만 명이나 감소할 것이라는 점이다. 인구감소의 직격탄이 상대적으로 지방에 집중될 것이라는 의미다.

　　그렇다면 윤석열 정부의 국토균형발전은 어떤 형태가 될까? 큰 틀에서 그 구체적인 방향을 예상하면 다음과 같다.

　　첫째, 지역의 장점을 적극 활용한 지역 살리기와 이에 기초한 균형발전이 시도될 것으로 보인다.

　　둘째, 지역적 특징을 고려한 보존과 개발이 균형을 이루게 될 것으로 예상된다. 즉 동질동량의 균형발전이 아닌 지역별 차이를 고려하는 균형발전이 추진될 것이라는 뜻이다.

　　셋째, 인구감소 문제에 보다 진지한 대응책을 마련할 것으로 보인다.

　　넷째, 도시재생이라는 화두는 그 명칭이나 도구의 변화는 있을 수 있겠지만 지속적으로 추진될 것으로 예상된다. 하지만 그 지방균형발전을 위한 정책의 수혜를 기대할 수 있는 지역은 그 범위가 제한적일 수밖에 없을 것이다. 윤석열 정부가 정책수립과 집행에 앞서 철저한 분석과 옥석가리기를 병행할 것이기 때문이다.

4.
재개발·재건축·
리모델링이
활성화될까?

새 정부는 적극적으로 재건축·재개발을 추진해나갈 것으로 예상된다. 윤석열 대통령의 부동산 정책 주요 공약에는 임기 내 250만 가구 공급, 재건축 정밀안전진단 기준 완화, 재건축초과이익 환수제 완화, 임대차법 전면 재검토 등이 있었다. 주택공급 측면에서 볼 때 도심 내 입지가 양호한 지역에 예측가능한 수준의 주택을 공급할 수 있다는 점에서 재건축·재개발 사업은 필수적이다. 이런 이유로 새 정부는 적극적으로 재건축·재개발 사업에 대한 규제완화를 추진해나갈 것으로 예상된다. 특히 문재인 정부에서 규제가 심했던 재건축사업에 대한 규제완화가 이루어질 것으로 예상된다.

[재건축·리모델링 주요 완화 공약내용]

- 30년 이상 공동주택의 정밀안전진단 면제
- 역세권 재건축단지 용적률 최대 500%까지 상향
- 재건축초과이익 환수제 부담 대폭 완화
- 과도한 기부채납 방지
- 1기 신도시 재정비를 위한 특별법 제정
  - 용적률 상향
  - 행정절차 간소화를 통한 사업기간 단축
  - 수직·수평증축 기준 정비

그러나 현실적으로 재건축·리모델링 관련 규제완화가 일사천리로 진행될 것이라고 보기 어려운 부분이 있다.

1) 재건축 규제완화 어떻게 되나?

먼저 재건축에 대한 규제완화는 법 개정을 거쳐야 하는 경우와 시행령이나 시행규칙 개정만으로도 규제완화 효과를 기대할 수 있는 경우가 혼재되어 있기 때문에, 당장은 더불어민주당의 협조 없이도 추진이 가능한 시행령과 시행규칙 개정을 통한 규제완화부터 시작될 것이 분명하다. 예를 들어, 재건축초과이익 환수제 부담 완화는 법 개정을 먼저 해야 한다. 하지만 더불어민주당은 재건축초과이익 환수제 부담 완화에 대해 호의적이지 않다. 법안이 국회 문턱을 넘기 힘들다는 뜻이다.

이런 이유로 새 정부는 장기적으로 법 개정을 추진하는 한편 시행령 개정을 통해 재건축조합원의 이익에 부과되는 부담금 기준을 상향함으로써 조합원들의 재건축초과이익 환수에 따른 부담을 완화시켜 줄 것으로 예상된다. 이에 비해 재건축 안전진단 규제 완화는 국토부 시행령·시행규칙 개정만으로도 가능하기 때문에 즉시 완화될 수 있을 전망이다.

재건축 정밀 안전진단 기준　　　　　　　자료 : 국토교통부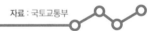

구분	가중치	
	현행	개정
주거환경	0.15	0.3
건축마감 및 설비노후도	0.25	0.3
구조안정성	0.5	0.3
비용분석	0.1	0.1

재건축의 첫 걸음 단계인 안전진단 기준은 2018년 구조적으로 안전이 문제없음에도 재건축이 추진되는 것은 사회적 낭비라는 인식 하에, 안전진단 항목 중 구조안정성 비

중을 종전 20%에서 50%로 상향하면서 크게 강화된 바 있다. 이 가중치를 완화하게 되면 좀 더 쉽게 재건축을 추진할 수 있도록 변화될 것이다. 또 다른 재건축규제완화 공약인 '30년 이상 공동주택 정밀진단 면제'는 현행 재건축 대상 노후주택 기준이 30년 이상이기 때문에 정밀안전진단 폐지로 받아들일 수 있는 공약이라고 볼 수 있다. 하지만 자칫 재건축 아파트발 집값 불안현상으로 이어질 가능성도 있는 만큼 주택시장의 변화 상황을 보면서 중장기적 관점에서 접근할 것으로 보인다.

2) 리모델링 규제완화의 수혜가 예상되는 수도권 제1기 신도시

리모델링에 대한 규제완화 역시 별도의 특별법을 제정해야 하는 사안이기에 더불어민주당의 협조 없이는 추진 자체가 불가능하다고 볼 수 있다. 그렇기 때문에 당장은 행정절차 간소화처럼 특별법 제정 없이도 가능한 부분부터 개선될 것으로 보인다. 재건축에 대한 규제완화와 더불어 수도권 1기 신도시 전체에 큰 이슈가 될 수 있는 카드가 리모델링 규제완화다. 수도권 부동산 공급물량 확보라는 측면에서 중요한 역할을 할 것으로 기대를 모으고 있기 때문이다. 수도권 제1기 신도시는 1980년대 후반부터 총 29만 2,000가구가 공급되기 시작했다. 이 말은 가장 늦게 조성된 신도시가 1996년이었다는 점을 고려할 때, 2026년이 되면 준공 후 30년이 경과하게 될 아파트 규모가 무려 29만 2,000가구가 될 것이라는 의미가 된다.

수도권 제1기 신도시 조성규모는 분당신도시→ 일산신도시→ 평촌신도시→ 산본신도시→ 중동신도시 순서이다. 그동안 수도권 제1기 신도시들이 재건축 추진에 적극 나설 수 없었던 원인은 1차적으로 아직 재건축 가능연한에 도달하지 못한 곳들이 대부분이었기 때문이다. 하지만 본질적인 문제는 재건축 가능연한에 도달한다 해도 일산신도

구분	분당신도시	일산신도시	평촌신도시	산본신도시	중동신도시
조성규모	97,580	69,000	42,047	41,947	41,435

시를 제외하면 이미 수도권 1기 신도시 아파트들의 용적률이 200%에 이르고 있어 재건축을 추진하기에는 사업성이 낮다는 데 있다. 재건축의 대안으로 리모델링을 추진하는 경우가 많았던 이유다.

그런데 새 정부에서 재건축 규제가 완화될 경우, 일부 지역에서 규제완화에 따른 사업성 개선의 영향으로 리모델링에서 재건축 쪽으로 방향을 선회하는 아파트 단지들이 나올 가능성을 배제할 수 없을 전망이다. 하지만 재건축·리모델링에 대한 규제완화에도 불구하고 그 규제완화가 모든 구축 아파트 단지 또는 신축 아파트 단지에 호재로 작용할 가능성은 그다지 높지 않다. 오히려 장기적인 관점에서 볼 때 양호한 입지에 신축 아파트가 추가로 공급되는 것이기 때문에 외곽 지역의 집값하락 요인이 될 가능성을 배제할 수 없을 것이다.

5.
공급활성화로
집값 안정화는
가능해질까?

새 정부 부동산 정책이 전임 문재인 정부와 가장 큰 차이를 보이게 될 부분이 바로 시장 기능 활성화에 기반한 주택공급 확대라고 할 수 있다. 윤석열 대통령은 일관되게 주택 공급 확대와 각종 재건축 규제완화를 강조한 바 있지만, 주택공급 확대는 문재인 정부 에서 추진했던 그것과는 다소 결이 다를 것으로 전망된다.

첫째, 윤석열 정부의 주택공급은 저렴한 가격에 분양함으로써 실수요자들의 내 집 마련에 좀 더 무게 중심을 둘 것이다. 물론 임대주택을 등한시하게 될 것이라는 뜻은 아니다. 내 집 마련을 위한 징검다리 내지는 주거복지 차원에서의 임대주택 공급방안도 충실히 담았기 때문에, 주택 수요자들의 내 집 마련에 보다 더 적극적으로 정책적 역량을 집중하겠다고 보는 것이 적절하다.

둘째, 민간과 시장이 주도하는 공급에 초점을 맞추고 있다. 이는 주택공급 공약에 나타난 250만 가구 중 민간 주도로 공급되는 물량이 200만 가구에 달한다는 점을 통해서도 확인할 수 있다. 주택공급이 증가하게 되면 주택수요가 공급을 크게 초과하지 않는 이상 장기적으로 주택가격의 안정화는 충분히 가능할 것으로 예측된다.

1) 주택공급 확대를 위한 규제완화는 초기 집값 불안현상을 촉발할 수 있다

주택공급을 확대하는 방법은 크게 두 가지로 세분할 수 있다. 새로 주택을 대규모로 신축하는 경우와 기존 주택을 재개발·재건축하는 경우가 그것이다. 이때 대규모로 주택을 신축하는 대표적인 경우로 신도시 조성을 들 수 있다. 신도시 조성을 통한 대규모 신축공급이나 재개발·재건축 모두 부동산시장 과열로 연결될 수 있다는 공통점이 있다. 다만, 주택가격 불안에 보다 더 직접적으로 연결되는 주택공급 방식이 재개발·재건축을 통한 주택공급이라는 데에는 이론의 여지가 없다.

재건축·재개발 규제완화에 대한 기대감이 집값 상승으로 연결될 수 있을 것이라는 기대로 연결돼 시장에서는 매물이 줄어들고 신고가 거래들이 속출하고 있다는 것이 그 방증이라고 할 수 있다. 특히 강남구, 서초구, 송파구를 지칭하는 강남3구, 용산구 등이 그렇다. 수도권이나 지방 대도시 우량지역에서도 재건축 대상 아파트들을 중심으로 집값 상승현상이 나타날 수밖에 없을 전망이다. 재건축 규제완화에 따라 사업성이 개선될 경우 조합원들은 새 아파트를 더 낮은 부담금을 지불하고 분양받을 수 있게 되는 것이다. 가격상승 현상이 자연스러운 현상이다. 한편, 공급확대를 위한 규제완화에 포함된 대출규제와 대출가능금액 완화 또한 주택수요 증가로 연결됨에 따라 집값 불안을 촉발하는 또 다른 요인이 될 수 있다.

2) 주택공급 확대에 따른 집값 안정효과도 기대된다

문재인 정부가 적극 도입했던 수요억제 기반 부동산 규제들을 완화하게 될 경우 분명 단기적으로는 집값 불안현상이 나타나게 될 것으로 보인다. 하지만 장기적인 관점에서 볼 때, 강남 등 수도권 내 주요 우량지역에 공급물량이 늘어나기 때문에 오히려 집값 안정에 기여할 수 있을 것으로 예상된다. 부동산 공약으로 전국적으로 250만 가구, 수도권에 130만 가구 이상 주택공급을 약속했다는 점이 그러하다.

여기서 관건은 재건축·재개발·리모델링을 통한 주택공급을 얼마나 신속하게 추진해나가느냐와 이미 추진되고 있는 제3기 신도시 등 공공택지가 당초 계획대로 차질 없이 추진되느냐가 될 것이다. 같은 맥락에서 직장으로의 접근성을 제고할 수 있어 수요가 많을 것으로 예상되는 역세권 첫집주택20만 가구과 청년원가주택30만 가구 공약 등이 적시에 추진될 수 있느냐도 조기에 집값 안정을 실현할 수 있지를 결정하는 중요한 변수가 될 것으로 보인다.

역세권 첫집주택은 역세권 민간 재건축이 적기에 추진되어야 실효성을 확보할 수 있는 주택공급 유형이라고 볼 수 있다. 역세권 민간 재건축 단지의 용적률을 최대 500%까지 상향하고 상향된 용적률의 50%를 공공이 기부채납받아 저렴하게 분양하는 것이 핵심이기 때문이다. 물론 기능이 떨어지는 국공유지 차량정비창, 유수지, 공영차고지 등을 지하화하거나 데크화하는 입체 복합개발도 포함되어 있지만 방점은 민간 역세권 재건축에 찍혀있다는 것을 부인하기 어려운 것이 사실이다.

청년원가주택은 3기 신도시 등 공공택지에 무주택 청년이 시세보다 저렴한 건설원가 수준으로 국민주택 규모의 주택을 분양가의 20%를 납부하고 나머지 80%를 장기저리 원리금 상환방식으로 분양받아 5년 이상 거주 후 국가에 매각할 경우 시세차익의 70%까지 가져갈 수 있도록 하는 형태의 주택공급 방식이다. 다만, 청년원가주택의 공급대상은 20~30대의 청년계층뿐만 아니라 소득이나 재산이 적은 다자녀가구인 경우 40~50대의 장년층에게도 기회가 주어질 것이라는 점은 긍정적인 측면이라고 볼 수 있다.

3) 인구감소에 따른 집값 안정화 현상이 나올 때까지 집값관리가 중요하다

대한민국은 언제까지 집값 문제에 시달리게 될까? 언제쯤이면 주택을 투기나 투자의 대상이 아닌 주거의 대상으로 온전히 바라볼 수 있을까? 누구도 정확하게 그 시기를 알 수는 없다. 다만, 여러 가지 변수를 통해 개략적으로 유추해볼 수는 있을 것이다. 대표적인 것으로 인구감소를 들 수 있다. 다음은 통계청이 2021년 12월 발표한 2070년까지의 장래인구 추계에서 발췌한 것이다.

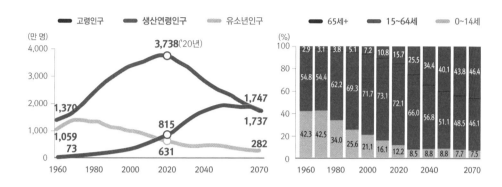

연령별 인구구조(1960~2070) | 연령별 인구구성비(1960~2070) 　자료 : 통계청

여기서 연령별 인구구조를 주목해볼 필요가 있다. 가장 먼저 생산연령인구 감소가 집 값에도 영향을 주게 될 것으로 보인다. 생산연령인구가 2020년 3,738만 명에서 10년 간 357만 명 감소해 2070년에는 1,737만 명 수준까지 감소할 것으로 예상되기 때문이다. 더욱이 베이비붐 세대가 고령인구로 이동하는 2020년대에는 연평균 36만 명, 2030년대 는 연평균 53만 명씩 감소할 것으로 예측되었다.

다음으로 고령인구증가 역시 문제가 될 것이다. 고령인구는 2020년 815만 명에서 2024년에 1,000만 명을 넘고, 2070년에는 1,747만 명까지 증가할 것으로 예측되었기 때 문이다. 학령인구 감소도 무시할 수 없는 문제요인이라고 할 수 있다. 학령인구는 2020 년 789만 명에서 향후 10년 간 195만 명 감소하고, 2070년에는 328만 명 수준까지 감소 할 것으로 예측되었기 때문이다. 결국 모든 인구변수가 인구감소와 고령화를 가리키고 있다. 이로 인해 대한민국 인구의 중위 연령도 2020년 43.7세에서 2031년에는 50세를 넘고, 2070년에는 62.2세까지 높아질 것으로 나타났다.

그렇다면 위와 같은 인구변수의 변화는 집값에 어떤 영향을 미치게 될까? 아마도 장 기적으로 대한민국 주택시장은 평균 집값이 하락하는 대세하락 현상을 경험하게 될 가능성이 매우 높다. 동시에 지역에 따라 우량지역과 비우량지역 간 철저한 주택가격 양극화 현상도 나타나게 될 것이다. 다만, 그 시기는 저위가정 기준 총인구가 4,800만 명대로 떨어지게 될 2036~2038년에 걸친 기간 이후가 될 것으로 보인다. 따라서 그때까지 안정적인 주택가격 관리가 중요할 것으로 예상되는 만큼 새 정부의 주택정책의 핵심은 적절한 정책 믹스를 통한 안정적인 수준에서의 주택시장 관리가 되어야 할 것이다.

6.
임대차 3법 보완에 따라
임대차시장도
긍정적으로 변할까?

임대차 3법은 전월세신고제·전월세상한제·계약갱신청구권제를 담은 「주택임대차보호법」, 「부동산 거래신고 등에 관한 법률」을 통칭하는 것으로 전월세상한제와 계약갱신청구권제는 「주택임대차보호법」에 담겨 있고, 전월세신고제는 「부동산 거래신고 등에 관한 법률」에 담겨 있다. 각 법률의 시행시기를 보면 전월세상한제·계약갱신청구권제를 담은 주택임대차보호법 개정안은 2020년 7월 30일 국회를 통과한 데 이어 7월 31일 국무회의를 통과하면서 그날부터 즉시 시행되었고, 전월세신고제를 담은 「부동산 거래신고 등에 관한 법률」은 2021년 6월 1일부터 시행되고 있다.

그런데 임대차 3법은 시행 이후 지속적으로 논란이 되고 있다. 가장 큰 문제는 임대차시장 안정을 위해 도입한 법안이 되레 주택임대차 시장의 불안을 조장하는 모습을 보이고 있기 때문이다. 이는 법 시행 이후 아파트 임대차 가격 흐름을 통해서도 확인할 수 있다.

다음 그래프는 KB국민은행이 발표하는 전국 아파트 전세가격 지수 추이 중 전월세상한제·계약갱신청구권제를 담은 주택임대차보호법 개정안이 시행된 2020년 7월 30일 이후부터 2022년 3월 3일에 걸친 기간 동안의 전국 아파트 전세가격 지수 추이를 보여준다.

여기서 임대차 3법 시행 이후 지속적으로 임대차 가격이 상승했다는 것을 확인할 수 있다. 위 기간 동안의 아파트 전세가격 지수 상승률은 무려 18.84%인 것으로 분석되었다. 전국을 기준으로 계산한 아파트 매매가격 지수 변동률이라는 점을 감안할 때 결코 무시할 수 없는 전월세가격 상승현상이 발생했다고 볼 수 있다.

매매가격에 비해 상대적으로 임대차 가격 상승은 서민들의 주거비 부담에 직접적으로 연결된다. 임대차 3법 시행 이후 임대인과 임차인 들은 물론 부동산 전문가들까지 법 개정을 요구하는 이유도 바로 당초 취지와는 다르게 임대차 시장의 안정에 기여하기보다 오히려 임대차시장을 불안하게 만드는 원인이 되고 있다는 점에 있다. 이런 이유로

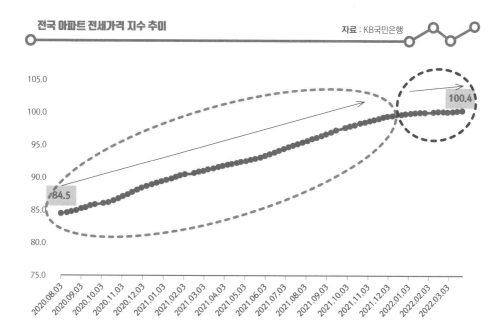

전국 아파트 전세가격 지수 추이   자료 : KB국민은행

새 정부는 임대차 3법에 대한 전면 재검토를 할 가능성이 높다. 임대차시장의 안정이 매우 시급하기 때문이다. 문제로 지목되고 있는 조항을 완전히 삭제하는 것이 아닌 소폭 개정하는 수준의 재검토라면 더불어민주당의 협조도 가능할 것으로 예상된다. 이런 이유로 새 정부에서는 문재인 정부와 같이 임대차 3법이 주택임대차시장을 복잡하게 만들 가능성은 높지 않다고 볼 수 있다.

Chapter

3

새 정부의
대한민국 부동산
투자 지형도

1. 서울특별시의 부동산 지형도는 어떻게 바뀔 것인가?

2. 경기도의 부동산 지형도는 어떻게 바뀔 것인가?

3. 인천광역시의 부동산 지형도는 어떻게 바뀔 것인가?

4. 세종·충청권의 부동산 지형도는 어떻게 바뀔 것인가?

5. 광주·호남권의 부동산 지형도는 어떻게 바뀔 것인가?

6. 부산·대구·영남권의 부동산 지형도는 어떻게 바뀔 것인가?

7. 강원·제주의 부동산 지형도는 어떻게 바뀔 것인가?

새 정부에서 서울 부동산시장은 여러 가지 긍정적 이슈가 있는데 핵심은 윤석열 대통령의 7가지 서울시 공약에 있다. 이중 직접 부동산시장에 초점을 맞춘 공약은 '내 집이 있는 서울'이 있고 부동산 시장에 강력한 영향을 미치게 될 공약으로 '더 넓어지는 서울 : 미래지향적 도시 공간 창출'과 '금융허브특구·스타트업 메카 서울'이다.

1) 더 넓어지는 서울 : 미래지향적 도시공간 창출

경부선 철도 지하화가 논의된 것이 어제 오늘의 일은 아니다. 그럼에도 지금까지 구체화되지 못했던 가장 큰 이유는 누가 뭐래도 천문학적인 비용이 소요된다는 것 때문이었다. 과거 정부에서도 경부선 지하화와 관련해 기초자치단체장들이 나서서 서울역에서 당정역에 이르는 32km 구간, 18개 역사를 지하화하는 것을 공론화한 적이 있었다. 2013년, 그러니까 박근혜 정부 때였는데, 결과는 아시다시피 국토부의 반대로 흐지부지되었다. 그렇다면 왜 경부선 지하화는 계속 사라지지 않고 지속적으로 이슈가 되고 있는 걸까? 다음 그림은 서울특별시에 존재하고 있는 주요 철도차량기지, 지상구간 및 화물취급역을 보여주고 있다.

그림을 보면 철도망이 서울특별시를 관통하고 있는 것을 알 수 있다. 2040 서울도시 기본계획에 따르면, 2022년 현재 서울특별시에는 길이 101.2km, 면적 4.6km²에 이르는 지상철도 선로부지와 차량기지가 자리 잡고 있다. 이로 인해 도시공간이 단절되는 것은 물론 지역주민들도 매일 소음과 진동에 시달리고 있는 것으로 나타났다. 산업적 측면에서의 악영향도 무시할 수 없는 수준이다. 대표적인 예로 구로동과 가산동 일대 'G밸리서울디지털단지'를 들 수 있다. 만성적인 교통정체로 인한 연간 손실비용이 수천 억 원에 달한다는 이야기가 나오고 있는 실정이다. 뿐만 아니라 경부선의 교통량 자체가 너무 과

서울특별시 주요 철도 기지 및 지상구간 현황 자료 : 2040 서울도시기본계획

새로운 가용공간 잠재력
· 철도를 중심으로 성장한 서울, 지상철도 대부분이 서울 중심지 관통
· 101.2㎞, 4.6㎢에 달하는 선로부지와 차량기지 서울 내 입지

서울 내 지상철도 연장
101.2㎞
국철 71.6㎞ / 도시철도 29.6㎞

서울 내 차량기지 면적
4.6㎢
국철 1.8㎢ / 도시철도 2.8㎢

지하화를 통한 공간창출, 가용지 부족 해소

복합개발거점

선형 여가문화공간

경원선 / 4호선 / 경춘선 / 중앙선 / 경의선 / 2호선 / 3호선 / 7호선 / 2호선 / 4호선 / 2호선 / 경인선 / 경부선

□ 국철 차량기지
□ 도시철도 차량기지
━ 국철 지상구간
━ 도시철도 지상구간
◻ 화물취급역

중하다는 현실적인 이유도 있다.

경부선 KTX의 대표적인 병목구간으로 금천구청역에서 가산디지털단지까지 이르는 구간을 손꼽을 수 있다. 아파트와 신도시가 급증하면서 전철과 철도통행량이 늘어난 결과다. 실제로 서울은 물론 경기·인천에 이르는 수도권은 상당 수준의 철도 접근성을 확보한 상태다. 이에 더해 수도권 제3기 신도시 조성 등에 따라 추가적으로 철도접근성을 확보해야 하는 상황이다. 하지만 늘어나는 철도교통량에 대응해나갈 수 있는 공간은 한정되어 있다. 무작정 철길을 늘릴 수는 없는 상태에 이르렀다는 뜻이다. 그래서 국토부도 KTX만이라도 광명역까지 지하화하는 계획을 세운다는 이야기가 나온다.

서울특별시도 경부선 지하화를 통한 공간창출, 가용지 부족해소에 적극적이다. 이는 2040 서울도시기본계획에서 잘 나타나 있다. 이런 상황에서 경부선 지하화를 공약으로 내세운 새 정부의 출범은 서울특별시와 중앙정부의 유기적인 협조를 기대할 수 있기에 그 어느 때보다 경부선 지하화의 실현가능성이 높은 상황이다.

이에 따라 서울역~용산역~영등포역~구로역~가산디지털단지역~독산역~관악역~ 금정역~당정역을 잇는 노선 주변지역들이 주목을 받을 것으로 보인다. 이 지역은 지하화에 소요되는 막대한 재원을 조달하기 위해서라도 지하화에 따라 선로가 폐지되는 상부에 공원은 물론 주택이나 산업시설 및 상업시설로 개발될 것이 유력하기 때문이다.

한편, 새 정부는 경부선 지하화 외에도 경원선청량리 역~도봉산역, 경인선구로역~인천 역지하화도 적극 추진해 나갈 것으로 예상된다. 신분당선 서북부용산역~고양시 삼송역 연장도 관심을 모으고 있다. 용산역~은평역~고양시 삼송역을 연결하는 노선인데, 그동안 사업성 문제로 10년

경부선 지하화 구간 예상 노선도 자료 : 네이버지도

넘게 제자리걸음을 하고 있었다. 하지만 새 정부의 공약에 포함된 데다 사업계획안을 변경해 다시 예비타당성 조사를 받고 있는 만큼 긍정적인 결과를 기대하고 있다. 예비타당성 조사를 통과할 경우 2030년 중반 이후 개통을 기대해볼 수 있다. 장기적인 관점에서 볼 때 노선이 지나는 주변지역들에 호재 요인이 될 것으로 보인다. 서울 구로역·창동역·서울역 북부 등 10개 철도차량기지 지하화·테크화도 눈여겨 볼 필요성이 있다. 지상에 주거·상업·문화·녹지공간을 조성하겠다는 공약이 구체화될 경우 이 지역들이 크게 주목받을 것으로 보이기 때문이다.

2) 내 집이 있는 서울 : 역세권 재건축 아파트

새 정부에서 가장 큰 기대를 모으고 있는 부동산 영역은 단연코 재개발·재건축 등 정비사업이라고 할 수 있다. 특히, 역세권 재건축 아파트에 대한 기대가 크다. 아무래도 '역세권 첫 집 주택' 등 역세권을 중심으로 집중적으로 주택공급을 늘려나가겠다는 새 정부의 공약이 주택공급이라는 현실적 과제와 잘 부합되고 있다는 점 때문이다.

재건축 추진을 위한 안전진단 절차를 간소화하는 것은 물론 신속통합기획이 확대될 것으로 보여 신속한 사업추진이 가능해질 것으로 예상된다. 이 부분 역시 '2040 서울도시기본계획'에서 제시하고 있는 미래성장거점으로 기능하기 위한 서울의 중심지 혁신전략과 일맥상통하는 것이라고 볼 수 있다.

따라서 서울역, 공덕역, 왕십리역, 수유역, 미아역, 까치산역, 개봉역, 광운대역, 도봉역, 월계역, 창동역, 쌍문역, 방학역, 수락산역, 녹천역, 홍제역, 봉화산역, 망우역, 신내역, 중화역, 낙성대역, 양천구청역 주변이 주목받을 것으로 보인다. 그 중에서도 특히 가격이 상대적으로 저렴하고 노후화가 일정 수준 이상 진행된 아파트들에 대한 관심이 집중

될 것이다. 이 외에도 역세권 주변 노후 아파트들에도 어떤 형태가 되었든 대형 호재 요인으로 작용할 가능성이 높다. 다만, 역세권의 기준을 분명하게 해둘 필요가 있다. 가장 안전한 판단 기준은 승강장 기준 반경 350m라고 할 수 있다. 서울특별시 조례로 30%를 증감할 수 있다는 점 또한 참고해둘 필요가 있다.

3) 금융허브특구·스타트업 메카 서울

금융허브특구 지정 지역은 여의도금융타운이 될 것으로 예상된다. 금융허브특구는 각
종 금융규제 완화는 물론 세제혜택이 부여될 전망이다. 이 공약은 2040 서울도시기본
계획에서 구상하고 있는 여의도와 용산을 연계해 한강중심 글로벌 혁신코어를 조성하
겠다는 구상과 맞닿아 있다.

중앙정부와 서울특별시의 구상이 일맥상통하고 있다는 점에서 새 정부에서 공약 구
체화에 탄력을 받을 수 있을 것으로 예상된다. 따라서 여의도와 용산은 물론 주변지역

인 영등포, 당산, 마포, 금호, 약수, 명동 등에 이르기까지 긍정적인 파급효과가 나타날 것으로 예상된다.

2.
경기도의
부동산 지형도는
어떻게 바뀔 것인가?

경기도의 최대 이슈는 크게 6가지가 될 것으로 보인다. ▲수도권 어디서나 서울 도심 30분 내 접근, ▲광역교통망 확충, ▲4차 산업기술 연구단지 조성, ▲주력산업 구조 고도화, ▲수도권 접경지역 규제 완화, ▲제1기 신도시 재건축 및 리모델링 등이다. 이 가운데 직접적으로 부동산시장에 영향을 미치게 될 것으로 예상되는 것은 ▲수도권 어디서나 서울 도심 30분 내 접근- GTX 노선 연장과 2기 GTX 노선 신설 ▲광역교통망 확충-경강선 연장, 위례·과천선 안양 연장, 평택~안성~부발 전철 신설 ▲지하철 8호선모란~판교~분당~오포 연장 추진 ▲제1기 신도시 재건축 및 리모델링 등이다.

1) 수도권 어디서나 서울 도심 30분 내 접근

수도권 어디서나 서울 도심으로 30분 내에 접근성을 확보할 수 있도록 하겠다는 구상은 'GTX 노선 연장'과 '2기 GTX노선 신설'을 통해 구체화될 것으로 예상된다. 그렇다면 핵심 내용은 무엇일까?

　기존 노선인 GTX-A, B, C 노선 가운데 A 노선과 C 노선의 연장과 새롭게 GTX-D, E, F 노선을 신설하는 것이 핵심이다. 가장 먼저 구체화될 것으로 예상되는 부분은 현재 진행되고 있는 GTX 노선의 연장이라고 볼 수 있다. 새 정부는 GTX-A 노선과 C 노선의 연장을 공약한 바 있는데, GTX-A 연장 노선은 기존 파주 운정~화성 동탄에서 평택까지 연장이 추진되고, GTX-C 연장 노선은 기존 덕정~수원에서 동두천~덕정~수원~평택까지 연장이 추진될 전망이다. 기존 GTX 노선이 지나는 역사 주변지역들은 이미 큰 폭으로 부동산 가격이 상승한 상태이다.

　특히 아파트 가격의 상승폭이 가팔랐다. 이런 이유로 GTX 연장선으로 구체화될 경우 주변 부동산시장 또한 탄력적인 흐름을 보일 가능성이 매우 높다. 하지만 그 중에서도 GTX 노선 연장에 따른 최대 수혜 지역은 단연 자족기능 확충에 더해 인구감소 문제에서도 상대적으로 자유로운 평택시와 일거에 강남 접근성을 확보하게 될 동두천이 될 것으로 보인다. 이것이 이들 지역을 눈여겨 볼 필요가 있는 이유다.

한편, 새 정부는 GTX-D, E, F 노선 신설을 공약으로 내놓은 바 있다. GTX-D 노선은 수도권 남부에서 동·서를 잇게 되는 노선인데, 김포~부천종합운동장~신림~사당~삼성~하남~팔당 라인을 기본으로, 삼성에서 분기되어 삼성~수서~광주~여주를 잇는 라인을 추가해 옆으로 눕힌 Y자 형태로 건설하는 것을 제안한 바 있다. 김포~부천종합운동장 구간과 인천국제공항~부천종합운동장 구간은 Y자 형태로 신설하고, 부천종합운동장~팔당 구간 신설, 삼성~여주 구간 신설 및 기존 경강선 일부를 활용한다는 계획이다.

GTX-D 노선은 실현가능성이 매우 높다. 당초 문재인 정부에서 GTX-D 노선 추진 당시 비슷한 노선을 계획하다 갑자기 '김부선'으로 전락하고 말았는데 이 노선을 당초 계획대로 복원하는 성격을 갖고 있기 때문이다. 이 노선은 특히 인천, 김포, 부천 지역 부동산시장의 저평가를 해소하는 데 크게 기여할 것으로 예상된다는 점에서 이들 지역은 예의주시해야 할 지역이라고 할 수 있겠다.

다음으로 GTX-E 노선은 수도권 북부에서 동·서를 연결하는 노선이다. 인천~김포공항~정릉~구리~남양주를 연결하는 노선이 될 것이기 때문이다. 김포공항~구리 구간은 신설하고 나머지 구간은 공항철도와 경의중앙선을 활용한다는 계획이다. 현재까지 수도권 북부지역은 동·서를 연결하는 철도망이 전무한 실정이다.

GTX-E 노선이 신설될 경우 특히 수도권 북부지역의 발전에 큰 기여를 할 수 있을 것으로 예상된다. 그만큼 수도권 북부지역 부동산시장에 상당히 긍정적인 영향을 주게 될 것이 분명하다. 이런 점에서 볼 때 장기적으로 GTX-E 노선이 지나게 될 인천, 김포공항 주변, 정릉, 구리, 남양주 주변 지역을 눈여겨 볼 필요가 있다. 다만, 본격 추진 여부는 좀 더 지켜 볼 필요성이 있는 만큼 주로 GTX-E 노선에 따른 수혜를 기대하고 구입 여부를

GTX 장래 철도노선망 계획

자료 : 국민의힘

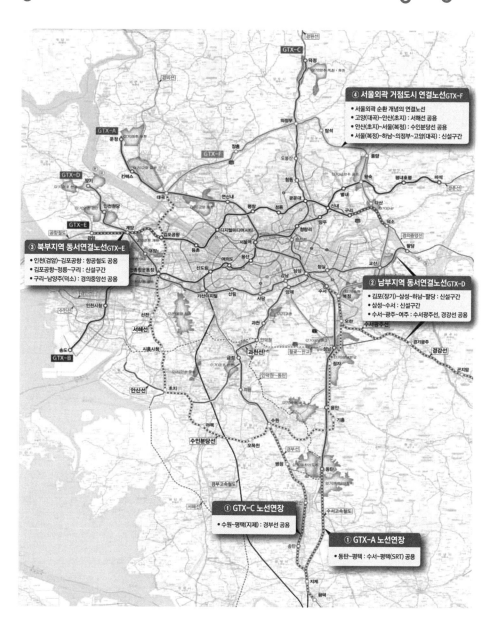

④ 서울외곽 거점도시 연결노선GTX-F
- 서울외곽 순환 개념의 연결노선
- 고양(대곡)~안산(초지) : 서해선 공용
- 안산(초지)~서울(복정) : 수인분당선 공용
- 서울(복정)~하남~의정부~고양(대곡) : 신설구간

③ 북부지역 동서연결노선GTX-E
- 인천(검암)~김포공항 : 항공철도 공용
- 김포공항~정릉~구리 : 신설구간
- 구리~남양주(덕소) : 경의중앙선 공용

② 남부지역 동서연결노선GTX-D
- 김포(장기)~삼성~하남~팔당 : 신설구간
- 삼성~수서 : 신설구간
- 수서~광주~여주 : 수서광주선, 경강선 공용

① GTX-C 노선연장
- 수원~평택(지제) : 경부선 공용

① GTX-A 노선연장
- 동탄~평택 : 수서~평택(SRT) 공용

결정하는 것은 피하는 것이 좋을 듯하다.

마지막으로 GTX- F 노선은 수도권 거점지역을 연결해 수도권 전체를 하나의 메가시티로 묶는 순환선이 될 전망이다. 마치 철도로 구현되는 외곽순환고속도로인 셈이다. GTX-F 노선은 고양~안산~수원~용인~성남~하남~의정부~고양을 잇는 라인인데, 성남~고양 구간은 신설하고 나머지는 서해선과 수인분당선 등을 활용할 전망이다. 다만 이 노선 역시 구체화되더라도 상당한 시간이 소요될 것으로 예상된다는 점을 염두에 두어야 한다.

윤석열 대통령의 공약에서 GTX 노선은 중요한 의미를 갖고 있다. 기존 1기 GTX 3개 노선과 연장 노선이 연장되고 2기 GTX 3개 노선까지 완공이 될 경우, 수도권 제1기 신도시 5곳, 수도권 제2기 신도시 10곳, 수도권 제3기 신도시 5곳 등 수도권 일대 주요 주거 밀집지역에서 서울 도심까지의 접근성이 획기적으로 개선될 것이기 때문이다.

GTX 노선을 따라 콤팩트시티를 건설해 총 25만 가구를 공급할 계획이라는 점 또한 GTX 노선이 중요한 의미를 갖는 이유라고 할 수 있다. 1기·2기 GTX 차량기지 입체화, 노선 주변에 일정 규모의 부지를 확보해 2030세대가 살기 좋은 1~2만 가구 규모의 역세권 콤팩트시티를 다수 조성한다는 계획이다. 이를 위해 우선 1기 GTX 3개 노선의 차량기지와 주요 정차장 주변을 재정비해 3만 가구, 기존 GTX-C노선의 연장구간 정차역 주변 도시개발사업과 연계해 2만 가구를 공급한다. 또한 2기 GTX-D 노선, GTX-E 노선, GTX-F 노선의 주요 정차역과 차량기지 4개소를 이용해 20만 가구를 공급한다는 계획이다. 공약대로 추진될 경우, 수도권 주요 도심으로의 뛰어난 접근성을 확보한 지역에 내 집 마련을 꿈꾸는 2030세대에게 실질적인 도움이 될 것으로 예상된다. 다만, 어쩔 수 없이 장기적인 관점에서 접근해야 한다는 점은 기억해두기 바란다.

2) 광역교통망 확충

광역교통망 확충 가운데 부동산시장에 좀 더 강력한 영향을 주는 철도교통망을 중심으로 살펴보면, 경강선 연장, 위례·과천선 안양 연장, 평택~안성~부발 전철 신설', 지하철 8호선모란~판교~분당~오포 연장이 주목받을 것으로 예상된다.

가장 먼저 경강선 연장은 2019년 용인시가 국토부에 건의한 노선을 기준으로 총 57.37km에 12곳의 역사가 들어서는 노선이다. 2021년 6월 제4차 국가철도망 구축계획에 추가 검토사업으로 포함되기도 한 사업이다. 노선을 구체적으로 보면 광주시 삼동역을 기점으로 '태전', '양벌리', '외대입구', '에버랜드', '종합운동장', '천리', '이동', '남곡', '남사', '양성', '안성'으로 이어지게 된다. 이 노선이 본격 추진될 경우, 특히 용인시 처인구와 모현읍 일대가 열악한 교통환경 개선이라는 측면에서 주목받을 것으로 예상된다. 다만, 공약임에도 불구하고 구체화 시점이 언제쯤이 될 것인지는 좀 더 지켜봐야 한다.

다음으로 위례·과천선 안양 연장은 위례·과천선을 안양까지 연장하는 것으로 경전철로 추진될 예정이다. 당초 위례·과천선은 성남 복정에서 정부과천청사를 연결하는 노선이다.

위례·과천선을 안양으로 연장하고자 하는 이유는 인천 2호선의 안양 연장을 감안한 것으로 보인다. 그 근거는 인천 2호선 안양 연장이 제4차 국가철도망 구축계획에 반영되어 있고 종착역 또한 관양동 혹은 비산동 일원

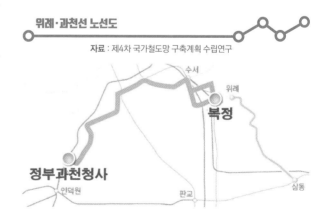

위례·과천선 노선도
자료 : 제4차 국가철도망 구축계획 수립연구

이 될 것으로 보이기 때문이다. 두 노선을 직결할 수 있다는 의미가 된다. 바로 이 부분에서 위례·과천선이 경전철이 되어야 하는 이유를 확인할 수 있다. 인천 2호선이 경전철이기에 직결이 가능해지기 때문이다. 사업성 측면에서 볼 때도 위례·과천선의 안양 연장은 인천 2호선 연장선과 직결이 가능해진다는 점까지 고려하면, 사업성 개선 효과를 기대할 수 있을 전망이다. 관심지역은 1차적으로 관양동, 비산동 일대가 될 것으로 보인다. 다만, 타당성 조사를 통과해야 하기 때문에 개통까지는 먼 훗날의 이야기지만, 재료만으로도 주변 부동산시장을 자극한다는 점에서 관심을 가져볼 만한 이유가 있다고 할 수 있다.

이어서 평택~안성~부발 전철은 평택에서 이천을 연결하는 노선으로 동서를 연결하는 철도축으로 2021년 8월 2차 예비타당성 조사 대상사업으로 선정된 바 있다. 평택~부발 전철 신설이 본격 추진 될 경우 가장 수혜가 기대되는 지역은 단연 안성이라고 할 수 있다.

평택~부발 전철 노선도   자료 : 국토해양부

마지막으로 지하철 8호선 모란~판교~분당~오포 연장 추진도 공약했는데, 이 노선은 모란에서 광주 오포를 연결하는 노선으로 종전에는 성남 구시가지와 판교를 연결하는 8호선 판교 연장을 추진하였다. 그러나 윤석열 대통령이 한 발 더 나아가 광주 오포까지 연결하는 노선으로 공약한 것이다. 상당한 시간이 소요될 것으로 보이지만 공약이 계획대로 추진될 경우, 최대 수혜 지역은 아무래도 광주 오포와 성남 구도심이라고 볼 수 있다.

3) 수도권 제1기 신도시 재건축 및 리모델링

경기도에는 수도권 제1기 신도시가 입지하고 있다. 그런데 수도권 제1기 신도시는 2026년이면 가장 늦게 조성된 신도시까지 준공된 지 30년을 넘어서게 된다. 그야말로 노후 아파트촌이 되는 것이다. 이에 따라 지난 대선에서 수도권 제1기 신도시의 재생 관련 문제가 뜨거운 화두가 된 바 있었다. 다음은 수도권 제1기 신도시 현황이다.

수도권 제1기 신도시 현황　자료 : 네이버 프리미엄콘텐츠 도시부자 김사부

신도시	위치	면적ha	단지수개	최초입주
분당신도시	성남시	1963.9	136	1991.9
일산신도시	고양시	1573.6	134	1992.9
평촌신도시	안양시	510.6	54	1992.3
산본신도시	군포시	420.3	41	1992.4
중동신도시	부천시	545.2	49	1993.2

새 정부는 다음 같은 공약을 내세웠다.

첫째, 재건축·리모델링 포함 제1기 신도시의 재탄생을 위한 종합 재정비 발전방안 마련,

둘째, 토지용도 변경, 종상향 등 용적률 개선 조치로 10만 가구 이상 추가 공급

셋째, 법·제도 정비 등 1기 신도시 재탄생을 위해 신속한 법적 지원책 마련

넷째, 재정비 기간, 이사수요가 몰리는 문제를 막기 위해 이주전용단지 조성 등 순환 개발 실시

재건축은 너무 당연한 것이기에 논외로 하고 경기도에서는 특히 리모델링 규제완화를 주목해야 한다. 윤석열 대통령은 선거기간 동안 '수도권 제1기 신도시 재정비를 위한 특별법'을 제정해 수도권 제1기 신도시 리모델링을 적극 지원하겠다는 공약을 했기 때문이다. 구체적으로 토지용도변경과 용적률 상향을 통해 수도권 1기 신도시 내에서 정비사업으로 최대 10만 가구를 추가 공급하겠다는 방안을 제시했다. 다음은 재건축과 리모델링의 차이를 보여주는 표이니 참고하기 바란다.

재건축과 리모델링 특징 비교 자료 : 건설산업연구원

구분	재건축	리모델링
건축물 구조 주요부	가능	가능
증축 세대증가	가능	가능
철거 후 재건축	불가능	가능
기반시설 확충	불가능	가능
사업대상	개별 건축물	아파트 단지
근거법령	도시 및 주거환경정비법	건축법, 주택법

이미 눈치를 챘겠지만 리모델링 규제가 완화될 경우 가장 수혜가 예상되는 지역은 단연코 수도권 제1기 신도시들이다. 1기 신도시들이 직접 수혜 당사자이기 때문이다. 그동안 수도권 제1기 신도시들은 사업성 부족과 용적률 제한으로 사실상 재건축이 어려운 상태였다는 점에서, 그야말로 가뭄 끝에 단비를 만난 셈이다. 1기 신도시들이 자리 잡고 있는 기초자치단체들도 리모델링을 적극 지원하는 모습을 보이고 있다. 윤석열 대통령이 후보시절 특별법 제정을 약속했던 이유도 1기 신도시의 기초자치단체장들이 리모델링 규제완화를 위한 특별법 제정을 촉구했다는 점에서 찾을 수 있다.

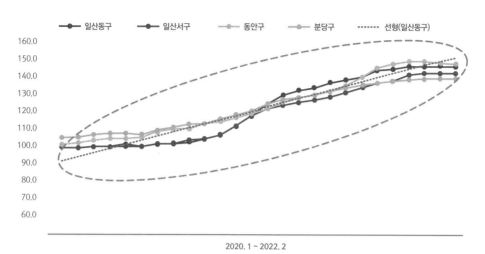

수도권 제1기 신도시 아파트 매매가격 지수추이

자료 : KB국민은행

일산동구   일산서구   동안구   분당구   선형(일산동구)

2020. 1 ~ 2022. 2

위와 같은 요인들 덕분에 수도권 제1기 신도시 아파트 매매가격은 큰 폭으로 상승한 바 있다. 선뜻 구입하기에는 가격부담이 있다는 뜻이다. 그럼에도 불구하고 최초로 리모델링 사업계획승인을 받아 착공한 한솔마을 5단지가 입지하고 있는 분당신도시는 물론 평촌신도시, 산본신도시, 일산신도시, 중동신도시 내 아파트 단지들이 적극 리모델링에 나서고 있는 상황이다.

그러나 리모델링 규제완화로 직접적인 혜택을 기대할 수 있는 만큼 1기 신도시 아파트 매매가 오름세는 앞으로도 만만치 않을 것으로 보인다. 그렇기 때문에 낙수효과를 기대할 수 있는 용인 수지나 죽전, 광명 하안, 구리, 군포, 안양, 부천원도심, 고양시 지역을 눈여겨 보는 것이 상대적으로 좋을 것이다.

3.
인천광역시의
부동산 지형도는
어떻게 바뀔 것인가?

인천광역시는 서울이나 경기도와 함께 수도권으로 지칭되고 있으나 적어도 부동산시장 측면에서는 서울·경기에 못 미치는 것이 사실이다. 이는 저평가가 해소될 경우 상승여력이 충분하다는 의미가 될 수도 있다. 대선공약에 나타난 인천광역시의 이슈는 크게 6가지다. ▲ GTX-D, Y, E 노선 신설, ▲ 경인선·경인고속도로 인천구간 지하화, ▲ 권역별 첨단산업 집중 육성, ▲ 수도권 쓰레기 매립지 문제 해결, ▲ 제2의료원 설립·국립대학병원 유치, ▲ 인천내항 주변 원도심 재생 등이다. 이 가운데 부동산시장에 직접적으로 연결되는 공약은 'GTX-D, Y, E 노선 신설', '경인선·경인고속도로 인천구간 지하화', '인천내항 주변 원도심 재생'이라고 할 수 있다.

1) GTX-D, Y, E 노선 신설

GTX는 인천광역시에 어떤 의미가 있을까? 그 의미를 완벽하게 이해하는 사람은 드물다. 하지만 서울특별시나 경기도가 갖게 될 의미와는 사뭇 다르다는 것만큼은 분명하다.
GTX를 통해서 비로소 30분 내 서울 도심까지 접근하는 교통수단을 확보하게 되는 것이기 때문이다. 그래서 이미 진행 중인 GTX-B노선을 주목하고 있는 것이다. 이미 GTX-B 역세권 주변 아파트 가격은 큰폭으로 상승한 바 있다. GTX-B 노선이 인천~부천축의 광역철도 접근성을 개선한다는 의미가 있기 때문에 인천에서는 역사가 입지하게 될 송도, 인천광역시청 주변, 부평의 집값 상승이 컸다. 윤석열 대통령은 GTX-D노선과 GTX-Y, E노선을 추가 건설하겠다고 공약했는데, Y노선은 현재 김부선으로 의미가 축소된 GTX-D노선이 확정되기 전 검토되던 노선으로 따로 언급할 필요는 없을 것 같다.
다음으로 GTX-D 노선은 2개로 다시 세분되는데 인천광역시와 직접 관련되는 노선은 김포 장기~인천 원당, 계양~부천 대장~서울 가산디지털단지, 신림, 사당, 강남, 삼성~하남 교산~남

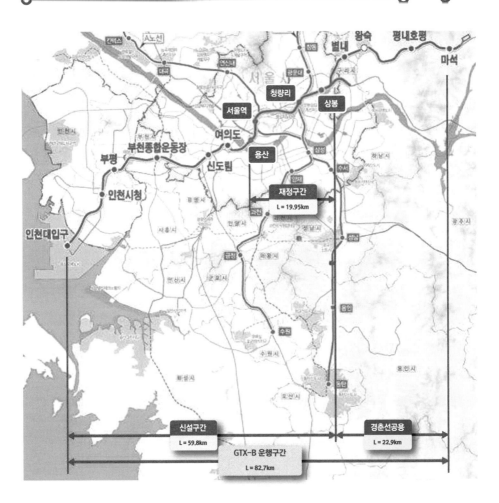

양주 팔당역을 연결하는 66km 구간이 될 것으로 보인다. 이 노선이 연결될 경우 인천 원당과 수도권 제3기 신도시인 계양이 직접 수혜 지역이 될 것으로 예상된다. 당연히 이들 지역의 집값에 긍정적일 수밖에 없을 것이라는 뜻이다.

　계속해서 GTX-E 노선은 앞서 잠깐 언급했던 것처럼 수도권 북부 동서를 연결하는 노선이라는 특징이 있다. 이 노선은 인천검암, 계양~서울김포공항, 디지털미디어시티, 평창, 정릉, 광운대, 신내~구리~남양주다산, 양정을 연결하는 59km의 구간이다. 따라서 인천에서는 검암신도시와 계양신도시가 집중 조명을 받게 될 것으로 보인다.

GTX-F 노선도 계획대로 추진 될 경우, 인천광역시에 긍정적인 영향을 주게 될 노선이라고 할 수 있다. GTX-F 노선은 일종의 순환선이다. 수도권 주요 거점도시를 연결해 서울로 집중되는 교통량을 감소시키는 한편, 수도권 거점도시들의 발전을 촉진시키기 위해 거점 지역을 연결하고자 하는 목적에 부합되는 노선이다. 현재까지 알려진 바로는 고양~서울~부천~시흥~안산~화성~수원~용인~성남~하남~남양주~의정부~양주~고양을 연결하는 총 169km 구간이 될 전망이다. 이 노선이 건설될 경우 여타 지역에 비해 특히 수도권 북부지역인 의정부, 양주의 발전이 가속화될 수 있을 것으로 기대된다.

한편, 윤석열 대통령은 제2공항철도 건설과 공항철도~서울 9호선 직결도 공약했다. 제2공항철도는 수인선 숭의역에서 인천역~영종하늘도시를 거쳐 공항철도 공항화물청사역까지를 연결하는 16.7km 구간이다. 수인선 송도역은 인천발 KTX역과 연결된다. 따라서 제2공항철도가 본격 추진 될 경우, 광역교통망 접근성이 강화되는 인천광역시 연구수와 미추홀구 쪽에 상당한 호재 요인이 될 것으로 보인다. 따라서 제2공항철도 외에 KTX라는 호재가 돋보이게 될 수인선 송도역, 학익역 주변이 주목을 받을 전망이다.

공항철도~서울 9호선 직결의 가장 큰 목적은 목적지까지 이동하는 데 있어 환승횟수를 최소화하는 것에 있다. 환승횟수 최소화야말로 지하철이 경쟁력을 갖도록 해주는 핵심요소 중 하나이기 때문이다. 물론 환승횟수 최소화는 목적지까지의 도달 시간을 줄여주는 것이다. 공항철도~서울 9호선 직결은 공항철도와 서울 9호선 노선이 서로 만나는 김포공항역에서 궤도를 연결해 인천공항부터 서울 강남권까지 환승 없이 이동하도록 계획된 노선이다. 이 노선의 개통에 따른 수혜 지역은 단연 인천국제공항역과 영종신도시 및 검암역, 계양역 주변이라고 볼 수 있다.

2) 경인선 경인고속도로 인천구간 지하화

경인선 지하화는 경인선 구로역에서 도원역에 이르는 22.8km, 19개 역을 지하화하겠다는 구상이다. 철도가 지상으로 지나면 필연적으로 도시공간의 단절을 초래하게 된다. 경인선이 지나는 인천 구간 역시 마찬가지다.

GTX-B 노선도   자료 : 국토교통부

공약대로 지하화가 추진될 경우 경인선이 지나는 지역 주변에는 대형 호재가 아닐 수 없다. 경인선 인천 구간에 입지하고 있는 역사 주변지역은 서울이나 경기도에 비해 상대적으로 저평가되어 있다는 점에서 저평가 해소 요인이 될 수 있기 때문이다. 그러나 안타깝게도 경인선 지하화 구간이 GTX노선과 겹치기 때문에 막대한 예산이 소요될 것이라는 점에서 추진되더라도 준비과정이나 사업타당성 검토 과정에서 상당한 진통이 예상된다. 그만큼 경인선 지하화 호재가 부동산시장에 반영되기까지 상당한 시일이 소요될 수 있다는 의미다. 따라서 경인선 지하화 구간을 호재 요인으로 보고 구입의사를 결정한다면 적절하지 않다고 볼 수 있다. 오히려 경인고속도로 지하화는 인천시를 관통하

면서 동서 간 균형발전에 장애 요인이 되고 있어 그 필요성이 꾸준하게 제기되어 왔고, 주변에 개발압력이 집중되어 있는 만큼 보다 더 구체화될 가능성이 있다.

3) 인천내항 주변 원도심 재생

인천내항 주변 원도심은 내항의 배후기능을 수행하던 곳이었지만 도시기능 쇠퇴와 함께 주거기능 약화현상이 나타난 곳들을 말한다. 그동안 인천내항 주변 원도심 재생이 추진되지 않았던 것은 아니다. 여러 번 원도심 재생이 추진되었지만 서로 다른 이유로 큰 진전이 없었던 것뿐이다. 그렇다면 왜 인천내항 주변 원도심 재생이 성과를 내지 못했던 것일까? 가장 큰 원인은 사업성 부족에서 찾을 수 있다.

원도심 재생을 위해서는 막대한 재원이 소요된다. 그 재원을 마련하는 가장 손쉬우면서도 현실적인 방법은 일정 부분 개발입지를 부여해 분양을 하고 이를 통해 재생에 소요되는 재원을 마련하는 것이다. 아파트나 상업·업무시설 분양수입이 대표적이다. 그런데 인천내항 주변 원도심은 아파트나 상업·업무시설을 분양받고자 하는 수요가 많지 않다. 일정 수준 이상으로 분양가격을 책정하지 못한다는 뜻이다.

그러나 인천내항 주변 원도심 재생 방법이 없는 것은 아니다. 인천내항 주변 원도심 재생이라는 명칭에서 나타나고 있는 것처럼 '인천내항' 재생이 성공할 경우 원도심 재생도 성공할 수 있을 것이다. 이는 인천내항 주변 원도심 재생이 성공하기 위해서는 먼저 인천내항 재생이 성공해야 한다는 뜻이다. 현재 인천광역시와 해수부 및 지역사회가 인천내항 재생을 위해 다양한 노력을 경주하고 있는 상태다. 따라서 그 성과가 어떻게 나타나게 되는지를 지켜보면서 인천내항 주변 원도심을 살펴보는 것이 바람직하다. 다만, 섣부른 부동산 구입은 자제해야 한다.

4) 역세권 재건축 아파트와 서울도시철도 7호선 청라 연장

윤석열 대통령의 역세권 재건축 규제완화 공약은 인천광역시 재건축 시장에도 호재 요인으로 작용할 것으로 보인다. 다만, 새 정부도 본격적인 규제완화에 앞서 주택시장 상황을 고려할 것으로 예상된다. 이런 이유로 재건축 규제완화의 정도와 시기는 일정 수준 이상 속도조절이 될 가능성이 있는 만큼 장기적인 호흡으로 접근해야 한다.

유망지역은 단연코 경인선 역사 반경 350m 내에 입지하고 있는 노후 아파트가 될 것이고, 2차적으로는 역사 반경 455m 이내 노후 아파트라고 할 수 있다. 그밖에 수도권 전철 서울도시철도 7호선 청라 연장도 관심을 갖고 지켜봐야 한다.

서울도시철도 7호선 청라 연장은 2022년 3월 22일 대도시권광역교통위원회의 사업계획 승인을 받은 바 있다. 총 연장 10.7km 구간에 가칭 '가정역002-1' 등 정거장 7개소를 건설하는 사업이다. 7호선 청라 연장사업은 2022년 3월 23일 착공식이 있었고 2027년 12월 개통될 예정이기 때문에 큰 관심을 갖고 지켜봐야 한다. 수혜가 예상되는 곳은 인천광역시 서구 내 청라신도시와 가정지구가 될 전망이다.

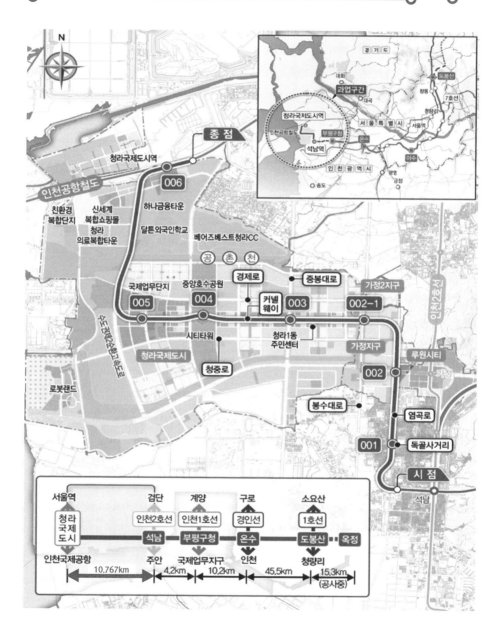

4.
세종·충청권의
부동산 지형도는
어떻게 바뀔 것인가?

2022년 현재 세종시와 대전시, 충청남도, 충청북도는 수도권을 제외하면 상대적으로 경쟁력을 보이는 지역이라고 할 수 있다. 그 중 단연 돋보이는 곳은 세종시다. 대한민국의 중추적 행정기능을 분담하고 있는 세종시는 행정기능이 사라지지 않는 이상 탄탄한 미래가치가 돋보이는 곳이다. 대전광역시 역시 세종시에는 미치지 못하고 있지만 충분한 잠재력을 갖고 있는 곳이다. 한편, 충청남도는 탁월한 자족기능을 보유한 천안, 아산을 필두로 무섭게 성장하는 곳이 있지만, 동시에 이들 지역과 격차가 벌어지고 있어 문제가 되는 곳들도 혼재하고 있다. 반면 충청북도는 청주라는 강력한 일극 도시와 상대적으로 경쟁력이 떨어지는 지역으로 양분되는 모습을 보이고 있다.

1) 세종시

현재 세종시는 일정 수준 이상 행정수도로 기능하고 있다. 이는 세종시 집값을 통해서도 확인할 수 있다. 그래서 엄밀히 보면 군이 새로운 공약이 없어도 미래 가치를 기대할 수 있는 지역이라고 볼 수 있다. 세종시를 대상으로 한 공약은 크게 7가지다. ▲ 대통령 세종 제2집무실, 국회 세종의사당 건립, ▲ 충청권 광역철도망 구축, ▲ 대전·세종 경제자유구역 지정, ▲ 중입자 가속기 암치료센터 설립, ▲ 세종 디지털미디어센터 건립, ▲ 글로벌 청년 창업빌리지 조성, ▲ 대학 세종공동캠퍼스 조기 개원 등이다. 세종시 대상 공약들은 모두 세종시 부동산시장에 긍정적인 영향을 주게 될 것으로 보인다. 물론 실현 가능성 또한 높아 보인다. 다만, 위 공약들 가운데 상대적으로 보다 더 부동산시장에 영향을 주게 될 공약은 '대통령 세종 제2집무실, 국회 세종의사당 건립', '충청권 광역철도망 구축', '대전·세종 경제자유구역 지정'이라고 할 수 있다.

큰틀에서 보면 세종시 공약은 적토마에 날개를 달아주는 것과 같다. 현재도 좋은데 더욱 경쟁력 있는 도시로 진화해나갈 수 있는 공약들이기 때문이다. 그래서 굳이 세부적인 공약을 분석할 필요도 크지 않다. 다만, 부동산시장 관점에서 보면 세종정부청사를 중심으로 분포되어 있는 지역들이 최우량 지역이라고 할 수 있는 만큼 여전히 이들 지역을 눈여겨 보는 것이 필요하다.

2) 대전광역시

대전광역시 공약은 ▲ 중원 신산업벨트 구축, ▲ 광역교통망 확충, ▲ 경부선·호남선 도심구간 지하화, ▲ 대전·세종 경제자유구역 지정·방위사업청 이전, ▲ 제2대덕연구단지 조성, ▲산업단지 첨단화·충청권 지역은행 설립, ▲ 호국보훈 메모리얼 파크 조성이다. 이 가운데 부동산시장에 직접적으로 영향을 주게 될 공약은 '광역교통망 확충', '경부선·호남선 도심구간 지하화'이다. 한편 자족기능 확충에 따라 2차적으로 적지 않은 영향을 주게 될 공약은 '중원 신산업벨트 구축', '대전·세종 경제자유구역 지정·방위사업청 이전', '제2대덕연구단지 조성' 이라고 볼 수 있다.

광역교통망 확충의 핵심은 철도망이고 그 중에서도 대전~세종~충남~충북 등 충청권 주요 도시를 연계하는 광역교통망을 구축하는 것에 있다. 이 공약은 대전·세종·충남·충북 4개 시·도가 합의한 메가시티 조성 즉, 2023년 가칭 충청광역청 출범, 2025년 행정구역 통합이라는 목표를 선포하고 이를 구체화하기 위해 추진하고 있는 충청권 광역철도망 계획과도 일맥상통한다.

광역교통망 확충 계획의 수혜 지역은 무조건 역사 주변 역세권이다. 따라서 철저하게 역세권을 주목하는 전략이 필요하다. 경부선·호남선 도심구간 지하화는 대전을 지나는 경부선과 호남선 구간을 지하화하자는 것으로 현재 대전시도 2035년까지 경부선·호남선 도심구간을 지하화하는 계획을 수립한 상태다. 중앙정부와 지방정부가 합심하여 추진할 경우 그만큼 조속히 추진될 가능성이 높다. 대전시를 지나는 경부선은 대덕구 신대동에서 동구 판암IC까지 13km 구간이, 호남선은 대덕구 오정동 대전조차장에서 서대전과 가수원으로 이어지는 11km 구간이 지상 구간이다.

경부선·호남선 도심구간 지하화를 주목해야 하는 이유는 지하화가 개발사업과 연계되어 있기 때문이다. 지하화한 철도 지상부지는 물론 유

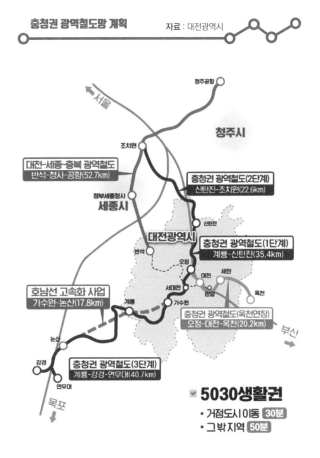

휴부지를 활용하는 개발계획을 수립해 적극 개발할 것으로 예상된다. 뿐만 아니라 신탄진·회덕·대전역과 서대전·가수원역과 연계해 개발을 추진하는 것도 적극 고려할 전망이다. 계획대로 추진될 경우 대전의 중심기능을 수행할 수 있는 지역으로 재탄생할 수 있다는 점에서, 특히 신탄진·회덕·대전역과 서대전·가수원역 주변에 대한 관심을 가져 보는 것이 시의 적절한 투자전략이 될 수 있다.

제2대덕연구단지가 계획대로 추진 될 경우 그 위치는 유성 북부권이 될 전망이다. 연구단지 조성은 고급 일자리 창출로 연결되기 마련이다. 계획대로 순조롭게 제2대덕연구

단지가 추진될 경우, 자연스럽게 고소득 인구증가로 연결될 수 있다는 점에서 유성 북부권에는 큰 호재라고 할 수 있겠다.

한편, '중원 신산업벨트 구축'과 '대전·세종 경제자유구역 지정·방위사업청 이전' 역시 부동산시장 관점에서 접근할 때 자족기능 확충이라는 점에서 주목해야 한다. 중원 신산업벨트 구축은 대전광역시만을 위한 공약이 아닌 강원~충북~대전~충남~전북 등을 연계해 첨단 미래산업과 스타트업 기지를 조성하겠다는 공약이다. 따라서 좀 더 시간이 소요되고 그 성공여부를 속단하기 어려운 공약이라고 볼 여지가 있다. 다만, 대전·세종 경제자유구역 지정과 방위사업청 이전은 새 정부의 의지만 확실하다면, 충분히 실현가능한 공약이라고 할 수 있는 만큼 대전광역시 자족기능 강화에 일조할 수 있다.

3) 충청남도

충청남도는 도농복합지역이다. 천안이나 아산으로 대표되는 자족기능을 자랑하는 지역도 있지만 청양이나 서천 같이 상대적으로 자족기능이 약한 곳도 있다. 그래서 윤석열 대통령이 강조하고 있는 균형발전이 빛을 발할 수 있는 지역이 될 수 있다. 충청남도 관련 공약은 크게 7가지다. ▲ 충청내륙철도·중부권 동서횡단철도, ▲ 내포 신도시를 탄소중립 시범도시로, ▲ 첨단국가산업단지·국방산업클러스터 조성, ▲ 서산민항^{충남공항}건설, ▲ 공공기관 충남혁신도시 이전 추진, ▲ 공공 의료복지 강화, ▲ 금강하구·장항제련소 및 가로림만 생태복원 등이다. 이 중 부동산시장에 직접적으로 영향을 주게 될 공약은 충청내륙철도·중부권 동서횡단철도, 서산민항^{충남공항}건설, 공공기관 충남혁신도시 이전 추진 등이라고 할 수 있다.

충청내륙철도·중부권 동서횡단철도는 광역교통 확보라는 측면에서 매우 중요한 의미를 갖는다. 먼저, 충청내륙철도는 대전역~삽교역^{충남도청}을 연결하는 약 74km 복선전철건설사업으로 제4차 국가철도망 구축계획에 추가 검토사업으로 포함되어 있다. 충청남도가 향후 제5차 국가철도망 구축계획에 신규사업으로 반영하기 위해 노력 중인 사업으로 충청권 4개 시·도가 합의한 메가시티 계획과 연결되어 있다. 다만, 그 시기는 아직 특정할 수 없기에 장기적 측면에서의 호재 요인이라고 할 수 있다. 수혜 지역은 삽교역 그리고 내포신도시가 될 것으로 예상된다.

다음으로 중부권 동서횡단철도는 서산~천안~청주~울진을 연결하는 총 322.4km노선으로 제4차 국가철도망 구축계획에 추가 검토사업으로 포함되었으며, 제5차 국가철도망 구축계획에 신규사업으로 반영한다는 계획이었는데, 윤석열 대통령의 공약에 포함되면서 사업추진에 날개를 달 가능성이 높아졌다. 역시 장기적 관점에서 접근해야 하는 호재 요인이라고 할 수 있다. 만일 계획대로 순조롭게 추진 될 경우 충청남도의 수혜 지역은 서산과 천안시 역사 주변이 될 것이나. 난, 천안시는 굳이 중부권 동서횡단철도가 아니더라도 다양하고 강력한 호재 요인이 있는 만큼 중부권동시철단철도 지체가 가져다주는 파급효과를 과대평가할 필요까지는 없다.

충청남도는 서산민항충남공항건설을 가리켜 '환황해 시대 충남이 더 큰 세계를 향해 뻗어 나아갈 기폭제이자, 대한민국이 더 큰 미래로 비상하기 위한 국가적 과제'라고 강조하면서 적극 추진하고 있다. 게다가 2017년 국토교통부에서 수행한 사전 타당성 조사 용역에서 이미 경제성 및 사업 타당성을 인정받은 바 있다. 여기에 윤석열 대통령이 서산민항 건설을 공약으로 제시한 만큼 충청남도와 도민이 의지를 보일 경우 급물살을 타게 될 사업이다. 현재 서산민항 건설 후보지는 서산시 해미면 및 고북면 공군비행장을 활용해 민항시설로 함께 사용하는 안이 제시되고 있다. 따라서 이 공약이 현실화 될 경우, 서산시 그중에서 특히 해미면과 고북면 일대가 될 것이다.

공공기관 충남혁신도시 이전 추진, 첨단국가산업단지·국방산업클러스터 조성은 모두 자족기능 강화와 맞물려 있는 공약이다. 그런데 이 공약은 충청남도의 도종합계획과 맞물려 있기 때문에 현실화 가능성이 높다. '2021~2040 충청남도 도종합계획'에 따르면, 충청남도는 권역별로 '북부스마트산업권', 'K-바이오산업권', '국방·웰빙산업권', '해양신산업권', '충남 혁신도시권'으로 발전한다는 구상이다. 공공기관 충남혁신도시 이전이나 첨단국가산업단지·국방산업클러스터 조성은 이에 잘 부합되는 공약이라는 것을 확인할 수 있다.

충청남도에서 자족기능 강화에 따라 특히 수혜가 기대되는 지역은 이미 경쟁력을 입증하고 있는 지역들이다. 천안, 아산, 홍성, 당진, 서산 등이다. 한편, 자족기능 외에 도종합계획에서 바라보는 충청남도의 미래상 또한 살펴볼 필요가 있다. 특히 도시공간구조 구상이 중요하다. 도시공간구조 구상은 미래 어떤 도시가 어떤 위상을 갖게 되는지, 수행하게 될 역할을 무엇인지를 보여주는 것이기 때문이다. 충청남도 도종합계획에 나타

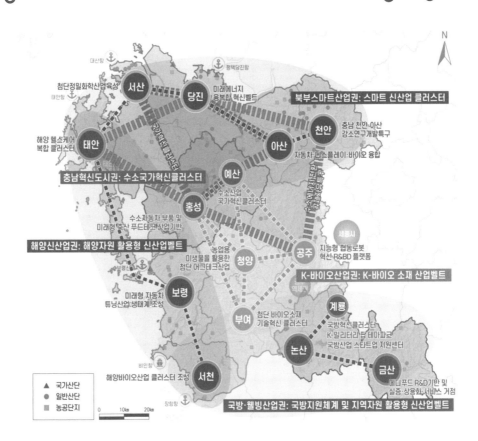

난 도시공간구조를 보면 미래 충청남도는 충남혁신도시와 천안·아산시, 공주시가 중추적 기능을 수행하게 될 것이다. 특히 공주시의 위상이 커지게 될 전망이다. 따라서 도시공간구조 구상 측면에서 볼 때, 긴호흡으로 지켜봐야 할 곳은 공주시가 될 것이고 그 중에서도 공주역 주변이 주목할 지역이다.

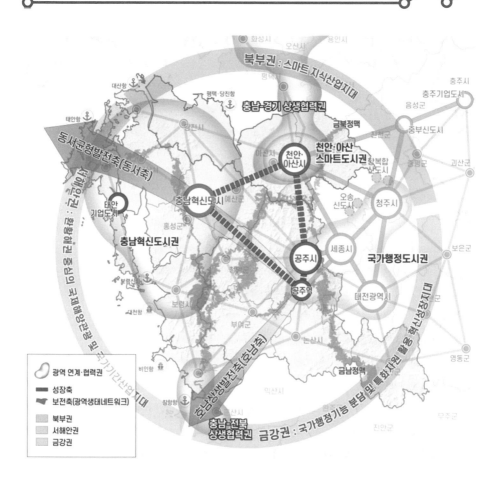

4) 충청북도

충청북도는 청주 일극체제에서 여러 도시가 중심이 되는 다극체제로 전환하는 것이 매우 시급한 과제라고 할 수 있다. 이는 행정안전부의 주민등록인구 통계를 통해서도 잘 나타난다. 충청북도는 청주시상당구, 서원구, 흥덕구, 청원구, 충주시, 제천시, 보은군, 옥천군, 영동군, 증평군, 진천군, 괴산군, 음성군, 단양군 등 11개 시군으로 구성되어 있다. 그런데 총인구를 보면 청주시 인구 비중이 압도적으로 높다. 충청북도 인구159만 7,484명의 절반이 넘는 인구84만 8,875명가 청주시 인구다. 비율로 따지면 무려 53.14%에 달한다. 물론 일극 도시인 청주를 제외한 충주시20만 8,946명, 제천시13만 2,416명, 음성군9만 2,155명, 진천군 8만5,596명도 나름의 인구경쟁력을 갖고 있다. 하지만 청주시에 비할 수 있는 수준은 결코 아니다. 이 같은 현실을 기초로 충청북도의 미래를 읽는 데 큰 도움이 된다.

윤석열 대통령의 충청북도 공약은 총 6가지다. ▲ 청주 도심 통과 충청권 광역철도 건설, ▲ 광역교통망 확충, ▲ 방사광가속기 산업 클러스터 구축, ▲ 오송 글로벌 바이오밸리 조성, ▲ 주력산업 구조 고도화, ▲ 청주국제공항 : 중부권 거점공항 육성 등이다. 청주 도심 통과 충청권 광역철도 건설은 도청 소재지인 청주를 지나는 광역철도망이 전무하다는 현실을 개선하기 위한 공약이다. 실제로 충북도청을 가는 교통편은 국내선을 이용해 청주공항→충북도청으로 이동하거나 청주시외버스터미널→충북도청으로 이동하는 방법을 이용해야 한다.

청주 도심을 통과하는 광역철도망이 없기 때문에 발생하는 문제인데 이는 충청북도의 일극인 청주시가 보다 강력한 중심지로서의 기능을 수행하는 데 있어 커다란 장애 요인이다. 이런 문제를 극복하기 위해 대전~세종~오송~청주 도심~청주공항을 연결하는 충청권 광역철도가 추진되고 있다. 대전이나 충남에서도 언급되었던 것처럼 충청권 광역철도는 충청권 메가시티의 등뼈라고 할 수 있다. 그 연장선상에서 충청권 광역철도의 청주도심~청주공항 노선 신설방안이 추진되고 있는 것이기에 충청북도에는 그 의미가 남다르다. 청주도심~청주공항 노선은 2022년 10월 정도면 사전 타당성 조사가 마무리 될 예정이다. 더불어민주당 후보였던 이재명 대선후보도 공약으로 제시했던 부분이기에 긍정적인 방향으로 추진될 가능성이 매우 높다. 청주도심~청주공항 노선이 중

요한 또 다른 이유는 이 노선이 현실화될 경우 대전, 세종에 이어 청주에도 지하철이 도입되는 것에 있다. 청주 도심에 엄청난 호재 요인으로 작용할 것이다.

광역교통망 확충은 도로망 확충과 철도망 확충을 들 수 있다. 이중 도로망 확충에 비해 상대적으로 철도망 확충이 충북 부동산시장에 미치는 파급효과가 압도적일 전망이다. 광역교통망 확충은 앞서 대전과 충남에서 확인했던 것처럼 충남 서산~충북~경북 울진을 연결하게 될 중부권 동서횡단철도 구축, 원주~오송간 철도 고속화, 강원~호남을 잇는 고속철도 ×축 완성 등이다. 긴 호흡으로 지켜봐야 할 공약이지만 건설에 따른 파급효과는 상당할 것으로 예상되는 만큼 관심을 갖고 지켜볼 필요가 있다.

오송 글로벌 바이오밸리 조성과 주력산업 구조 고도화는 수도권 대 비수도권으로 대표되는 지역 간 불균형 문제를 해소하기 위해 제시된 자족기능 강화방안이라고 할 수 있다. 오송을 중심으로 하는 글로벌 바이오산업은 오송에 입지하고 있는 생명과학단지에 바이오의약 밸리를 조성하겠다는 것이 핵심이다. 한편, 주력산업 구조 고도화는 2차전지 전문 연구소 설립, 팹리스·파운드리 산업 등 후공정 시스템 반도체, 반도체 산업 육성, 뷰티산업 등을 통해 산업고도화와 고부가가치화를 장려하겠다는 공약이다. 다만, 공약의 현실화를 위해 극복해야 할 불안정성이 많아 섣부른 기대는 금물이다. 실제로 청주시에 있던 SK하이닉스시스템아이씨가 공장을 중국 우시로 이전하는 작업이 2022년 4월 마무리 단계였다. 그에 따라 종전 공장을 파운드리 증설로 활용하지 않을 경우 공약의 현실화는 어려운 과제가 될 수밖에 없다. 그렇게 될 경우 부동산시장에 미치는 효과도 미미한 수준에 그칠 것이 분명하다.

방사광가속기 산업 클러스터는 2028년 가동을 목표로 청주 오창읍에 방사광가속기 설치가 확정된 것을 고려한 공약이다. 즉, 방사광가속기를 기초로 방사광가속기 데이터 네트워크 센터와 활용지원센터를 건립하는 한편 글로벌 R&D 허브를 구축하겠다는 것이 핵심이다. 오창읍에 방사광가속기 설치가 결정되었을 때 청주시 집값이 엄청나게 들썩였다. 지역에 13만 7천 개의 일자리와 6조 7천 억 원의 생산유발효과 및 2조 4천 억 원의 부가가치 유발효과가 기대되었기 때문이다. 따라서 공약대로 방사광가속기 산업 클러스터가 구축 될 경우, 그 이상의 엄청난 경제적 효과를 기대할 수 있을 것으로 예상된다. 이것이 청주 부동산시장에 메가톤급 호재 요인이 될 것으로 보인다. 특히 오창읍 일대가 주목을 받을 것으로 예상된다. 다만, 방사광가속기 설치조차 2028년 가동이 목표인 만큼 공약이 구체화되기까지 오랜 시간이 소요될 것으로 예상된다는 점은 꼭 기억해 두어야 한다. 무엇보다 교통망 확충이 핵심이고 구체화 수단은 광역철도, 청주공항이 될 것이며 핵심 지역은 청주시가 될 것이라는 점은 명확하다.

5.
광주·호남권의
부동산 지형도는
어떻게 바뀔 것인가?

1) 광주광역시

광주광역시는 서울, 부산, 대구, 인천에 이은 대한민국 5대 도시다. 그러나 부동산시장 측면에서 보면 남구 일극 중심으로 특히 남구 봉선동이 중요한 지역이다. 봉선동은 광주의 강남이라고 불리고 있는데, 광주시내 집값이 가장 비싼 10곳 모두가 봉선동에 있다. 윤석열 대통령은 광주광역시 공약으로 7가지를 제시했다. ▲ 대한민국 인공지능AI대표 도시 광주, ▲ 미래 모빌리티 선도 도시 구축, ▲ 광주~영암 초고속도로·달빛고속철도 건설, ▲ 도심 광주공항 이전 추진, ▲ 서남권 원자력의료원 건립, ▲ 5·18 국제자유민주인권연구원 설립, ▲ 광주 복합쇼핑몰 유치 등이다. 이중 대한민국 인공지능AI대표 도시 광주나 미래 모빌리티 선도도시 구축 공약은 자족기능 강화를 위한 것이라고 볼 수 있기에 부동산시장에 긍정적으로 작용할 것이다. 한편, 7가지 공약 중 상대적으로 부동산시장에 직접적으로 영향을 줄 것으로 보이는 공약으로 광주~영암 초고속도로·달빛고속철도 건설과 도심 광주공항 이전 추진이라고 할 수 있다.

광주~영암 초고속도로·달빛고속철도 건설 중 광주~영암 초고속도로는 광주와 전남 영암을 연계해 독일의 아우토반과 같은 초고속도로를 건설하여 자율주행차 테스트베드로 활용한다는 구상이다. 달빛고속철도는 광주~대구 간 198.8km를 연결하는 고속철도 인데. 제4차 국가철도망구축계획에 반영된 바 있다. 이 노선은 단순히 철도노선이라는 것을 넘어 영·호남을 연결하는 즉, 동서화합이라는 측면에서 큰 의미가 있는 노선이다.

뿐만 아니라 이 노선은 경부선, 중앙선, 동해선, 호남선, 전라선 그리고 장기적으로 남부내륙선, 경전선과 연계된다는 점에서 상당히 의미 있는 노선이다. 이 노선을 조기에 착공하겠다는 것이 윤석열 대통령의 공약이었다. 달빛고속철도는 7조 2,965억 원의 생산유발효과와 3만 8,676명의 고용유발효과 및 2조 2,834억 원의 부가가치 유발효과가 기대되는 노선이다. 이는 달빛고속철도가 영·호남이 하나가 되어 동남권, 대경권, 호남권을

달빛고속철도 노선도

자료 : 광주광역시

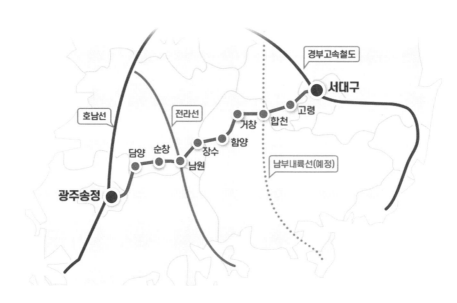

달빛고속철도 경유지 지자체의 지역 낙후도 순위

자료 : 광주광역시

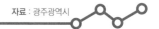

연결하는 '남부경제권' 활성화에 기여할 수 있어 대구 및 광주, 울산, 부산까지 지역 산업 연계구축을 통해 경제적 상생이 가능한 노선이라는 데에 근거한 것이다. 실제로 달빛고속철도가 지나는 지역은 다른 지역에 비해 낙후 정도가 매우 심한 지역이라는 공통점을 갖고 있다. 따라서 이들 지역에 긍정적인 영향을 줄 것으로 기대해볼 수 있다. 다만, 사업기간이 2030년까지라는 점을 고려할 때 그 효과가 나타나게 될 시점이 아직은 먼 미래다.

한편 도심 광주공항 이전 추진은 광주 민간공항 기능을 무안 국제공항으로 통합해 분절된 도시생활권을 하나로 연결하고, 종전 부지 약 248만 평은 미래지향적 도시공간인 대한민국 서남부 대표 스마트시티로 재창조한다는 구상이다. 또한 이전 지역과의 사회적 합의를 통해 군공항 이전도 추진한다는 구상이다. 공약대로 사업이 추진될 경우 군공항과 그 주변 지역은 새로운 광주광역시의 메카로 발돋움할 것이다.

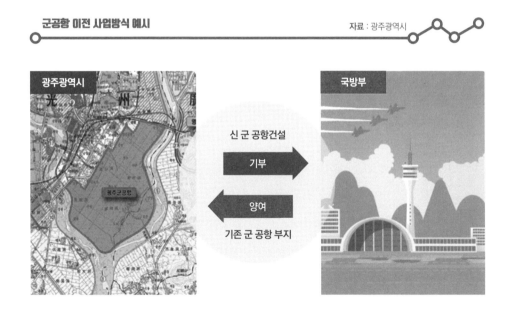

군공항 이전 사업방식 예시   자료 : 광주광역시

2) 전라북도

윤석열 대통령의 전라북도 공약은 7가지였다. ▲ 새만금 메가시티·국제투자진흥지구 지정, ▲ 전북 금융 중심지 지정, ▲ 주력산업육성·신산업특화단지 조성, ▲ 동서횡단철도·고속도로 건설, ▲ 농식품 웰니스 플랫폼 구축, ▲ 국제태권도사관학교·전북스포츠종합훈련원 건립, ▲ 관광산업 활성화·동부권 관광벨트 구축 등이다. 이 중 특히 관심을 가져야 할 공약은 새만금 메가시티·국제투자진흥지구 지정, 전북 금융 중심지 지정, 동서횡단철도·고속도로 건설이다.

새만금 메가시티·국제투자진흥지구 지정은 모두 새만금과 직접적으로 연결되어 있다. 새만금 메가시티는 군산~김제~부안을 연결해 메가시티로 통합 조성하겠다는 구상이다. 이를 위해 대통령 직속으로 새만금특별위원회를 설치해 운영하는 한편, 새만금 특별회계 조성, 국제투자진흥지구 지정, 새만금 국제공항 조기 착공, 도로·철도 및 산업입지 등 핵심 인프라를 구축하겠다는 구상이다. 윤석열 대통령의 공약대로 새만금 개발계획이 추진 될 경우 새만금 주변은 환골탈태하게 될 것이다. 새만금사업은 전라북도 최대 사업이자 숙원 사업이다.

토지면적만 8,803만 평에 달하고 총사업비도 22조 8천 억 원에 달한다. 1-4권역으로 나뉜 새만금기본계획에 따라 공항과 연계한 신성장 산업 글로벌 특구, 새만금 거점도시 공간과 물류허브, 복합레저공간, 농산업·관광 복합단지 및 농생명권역스마트 농업 전진기지 등으로 개발될 예정이다. 물론 항만과 공항도 들어서게 된다. 전라북도와 중앙정부가 유기적으로 협조하면서 계획대로 순조롭게 새만금개발사업이 추진될 경우, 새만금지역은 물론 인근 지역인 부안군, 김제시, 군산시에도 상당히 긍정적인 영향을 주게 될 것이다.

전북 금융 중심지 지정공약은 전북을 연기금 특화 국제금융도시로 조성하겠다는 구상이다. 이를 위해 전북금융센터 건립, 연기금 특화 국제금융도시 육성, 글로벌 금융사

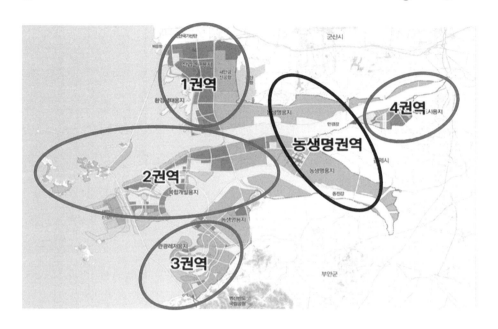

및 자산운용사 집적화, 혁신금융 생태계를 조성할 것으로 예상된다. 이에 그치지 않고 전북의 지역 특성을 고려해 그 특성에 부합되는 공공기관을 전북혁신도시로 이전한다는 구상도 제시한 바 있다. 가장 큰 수혜 지역은 단연 전북혁신도시가 입지하고 있는 전주시, 완주군 이서면 일원이 될 것이다. 현재 전북은 전주시라는 일극 도시로 대표된다고 해도 과언이 아니다. 향후 더욱 더 전주시의 기능과 위상이 강화될 것이라는 점에서 전주시를 주목해 볼 필요가 있다.

　동서횡단철도·고속도로 건설 중 동서횡단고속도로는 전주~대구를 연결하는 고속도로를 건설해 새만금에서 포항까지 연결한다는 구상이다. 물류망이 획기적으로 개선된다는 점에서 기대를 모으고 있는 고속도로다. 다음으로 동서횡단철도는 전주~김천을 연결하는 노선이다. 호남 전라선과 경부선을 횡단으로 연결하는 노선이다. 여기서 주목해

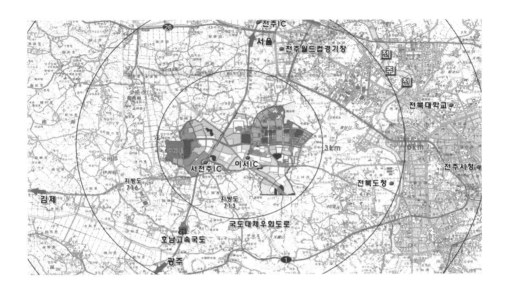

야 할 지역은 전북의 일극 도시인 전주시다.

3) 전라남도

전라북도에서는 전주시가 일극 도시로 기능하고 있다면 전라남도에서는 순천, 여수, 나주 등 몇 개의 도시가 중심 역할을 수행하는 다극 도시라는 특징이 있다. 이는 전라남도 내 3.3m² 기준 매매가격이 가장 비싼 아파트 단지 10곳을 모두 순천, 여수, 나주시에 소재하는 아파트 단지들이 점하고 있다는 사실을 통해서도 확인할 수 있다. 윤석열 대통령은 전라남도에 제시한 공약은 ▲ 친환경 재생에너지 산업벨트 조성, ▲ 고흥 우주·항공산업 클러스터 구축, ▲ 광역교통망 확충, ▲ 광양항을 글로벌 스마트항만으로 조성, ▲ 무안국제공항을 관문공항으로 육성, ▲ 첨단의료복합단지·푸드바이오밸리 조성, ▲ 서남해안 해양생태관광·휴양벨트 구축 등이다. 공약을 보면 공통적으로 자족기능 강화와 연결되어 있다는 것을 알 수 있다. 위 공약 중 부동산시장에 기폭제 역할을 할 수 있는 것은 광역교통망 확충과 무안국제공항을 관문공항으로 육성한다는 것이다.

광역교통망 확충은 익산에서 여수를 연결하는 고속철도를 고속화하겠다는 것이다. 이를 전라선 고속철도라고 부른다. 현재 서울에서 여수까지 가려면 2시간 40분정도 소요된다. 고속철도이면서도 기존 선로가 개선되지 않고 있어 무늬만 고속철인 상태를 유지하고 있기 때문이다. 주로 굴곡 구간이 속도를 내지 못하는 문제가 되고 있는데, 이 굴곡구간을 개선할 경우 시속 350km로 달릴 수 있다.

수혜 지역은 철도 노선이 지나는 익산~전주~남원~곡성~구례~순천~여수가 될 것이다. 특히, 전남에서는 순천과 여수를 주목해볼 필요가 있다. 한편, 공약에는 빠져 있지만 제4차 국가철도망 구축계획에 포함된 광주 상무역과 나주를 연결하는 총연장 28.1km의 광역철도도 긍정적인 효과를 기대할 수 있다. 또한 전남을 대표하는 나주시가 수혜 지역이다. 물론 나주혁신도시가 주목받을 것이다.

무안국제공항을 관문공항으로 육성하겠다는 공약을 주목해야 하는 이유는 무안군의 잠재력에 있다. 무안군은 전남도청 소재지다. 행정중심지인 것이다. 또한 교통의 요충지다. 호남선 KTX, 서해안고속도로, 무안공항이 있다. 게다가 전라남도에서 유일하게 지역소멸 위험이 없는 곳이 무안군이다. 또한 관광지로서의 잠재력도 뛰어나다. 이런 강점을 살리면서 무안공항과 연계해 공항 주변에 글로벌 제조업체 및 물류회사의 물류센터 유치를 통해 목포·여수·광양항과 시너지를 내겠다는 구상이다. 다만 계획 요소들이 구체화될 수 있을지 좀 더 지켜 봐야 할 필요가 있는 데다. 계획대로 추진된다 해도 그 효과가 나타나기까지 상당한 시일이 소요될 것이라는 점에서 투자여부를 따지는 것은 시기상조라고 볼 수 있겠다.

전라선 고속철도 고속화 구간

자료 : 제4차국가철도망 구축계획

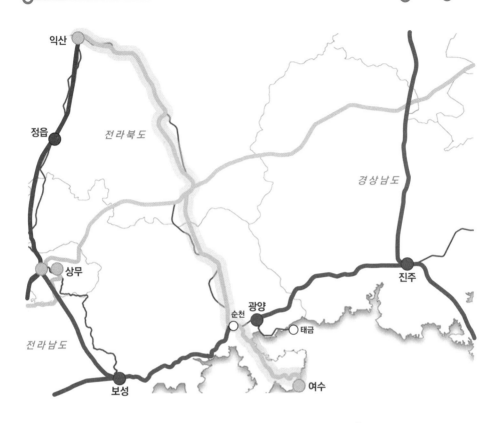

광주~나주 광역철도 노선도

자료 : 제4차 국가철도망 구축계획

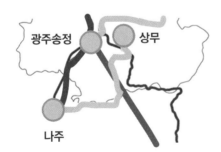

6.
부산·대구·영남권의
부동산 지형도는
어떻게 바뀔 것인가?

1) 부산광역시

부산광역시는 '부산대개조'를 내세우면서 재도약을 준비하고 있다. 이를 위해 연결, 혁신, 균형을 모토로 부산 전체를 동부산권, 원도심권, 서부산권으로 세분해 도약한다는 계획이다. 각 권역별 주요 방향을 보면 서부산권은 에코델타시티, 동북아물류 플랫폼, 가덕신공항, 경부선 철도 직선화2단계를 통해 항만·물류산업 거점으로, 원도심권은 북항 통합개발, 2030월드엑스포, 도시경제 플랫폼, 부산금융중심지, 경부선 철도 직선화1단계

부산 대개조   자료 : 부산광역시

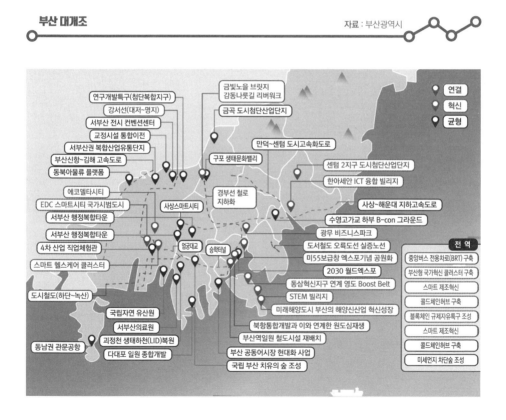

를 바탕으로 해양경제·금융중심으로, 동부산권은 제2센텀시티, 오시리아관광단지, 영화영상관광중심지 조성을 통해 국제 비즈니스·관광컨벤션 중심으로 발전해나가고자 하는 구상을 하고 있다. 앞의 그림은 부산 대개조 구상을 보여주고 있다.

윤석열 대통령의 부산광역시 공약은 크게 7가지로 ▲ 2030 부산세계박람회 유치, ▲ 가덕도 신공항 조기 건설, ▲ 경부선 지하화·광역교통망 확충, ▲ 침례병원 공공병원화·공공의료망 확충, ▲ KDB산업은행 이전·디지털 융복합 허브, ▲ 탄소중립·해양금융 중심도시, ▲ 글로벌 해양문화관광도시다. 이중 부동산시장에 가장 직접적으로 영향을 주게 될 공약은 가덕도 신공항 조기 건설, 경부선 지하화·광역교통망 확충, KDB산업은행 이전·디지털 융복합 허브, 탄소중립·해양금융 중심도시 등이다.

가덕도 신공항 조기 건설은 단순히 공항을 하나 더 건설하는 데 그치지 않고 항공물류지구, 에어시티지구, 해양신산업지구 등 공항복합도시 조성과 연계되어 있는 것은 물론 부산광역시가 야심차게 추진하고 있는 2030 부산세계박람회 유치와도 맞닿아 있다는 점에서 중요한 의미를 갖는다. 가덕도 신공항은 행정구역상 부산광역시 강서구에 입지하게 된다. 따라서 수혜 지역은 사상구 일부와 인구구조나 학교 인프라 측면에서 긍정적인 모습을 보여주고 있는 명지국제신도시가 될 것이다.

경부선 지하화·광역교통망 확충도 부산시 부동산시장에 큰 영향을 주게 될 변수다. 경부선철도 지하화는 단절된 도심을 연결하는 한편 역세권을 개발함으로써 신구도심 간 격차를 해소할 수 있는 전기를 마련할 수 있을 것으로 기대된다. 경부선 철도 지하화 구간은 화명역~구포덕천통합역~가야차량기지를 연결하는 10.7km 구간이다. 광역교통망 확충은 부울경 GTX 광역교통망을 건설하는 것인데, 이 노선이 구축될 경우 가덕신공항 접근성이 개선되는 것은 물론 동남권 1시간대 생활권도 가능하다. 이 사업과 함께 부전역복합환승센터를 설치하고, 가야철도기지창은 스마트 도시로 조성한다는 구상이다. 수혜 지역은 지하화되는 철도 역사 주변과 부전역 등 직접 사업이 시행되는 곳이다.

KDB산업은행 이전·디지털 융복합 허브구상도 빼놓을 수 없다. 구체적으로 보면 KDB 산업은행의 부산 이전과 함께 블록체인 특화 클러스터 조성, 디지털자산거래소 설립을 함께 추진하는 것은 물론 동남권 ICT트라이앵글, 동남권 파워반도체 S벨트 구축, 동남권 디지털혁신파크 및 제2센텀 도시첨단산업단지 조성도 함께 추진한다는 내용이다. 계획 대로 차질 없이 진행될 경우 분명 부산 재도약에 엄청난 역할을 할 것이 분명하다. 자족 기능 강화로 연결될 것이기 때문이다. 그러나 단시간에 해결될 수 있는 공약은 아닐 것 으로 보인다는 점에서 아쉽다.

탄소중립·해양금융 중심도시와 관련해 부동산시장 측면에서 특히 주목해야 할 부분 은 맥도 100만 평 그린시티 조성, 을숙도 생태공원, 에코델타시티 등과 연계한 그린 스 마트 파크시티 조성이다. 아이러니하게도 이 공약의 수혜 지역은 미래 부산을 언급할 때 마다 빼놓지 않고 언급되는 에코델타시티라고 할 수 있다.

2) 대구광역시

대구광역시는 8개 구군으로 구성되어 있다. 남구, 달서구, 달성군, 동구, 북구, 서구, 수 성구 중구다. 2022년 4월 기준 각 구별 최고가 아파트 단지와 시세를 보면 남구는 래미 안웰리스트3.3㎡ 기준 1,634만 원이고, 달서구는 월드마크웨스트엔드3.3㎡ 기준 2,150만 원이며, 달성군은 죽곡 한신휴플러스3.3㎡기준 1,581만 원이고, 동구는 동대구우방아이유쉘3.3㎡ 기준 1,744만 원이며, 북구는 오페라 삼정 그린코아 더베스트3.3㎡ 기준 2,039만 원이고, 서구는 내당 시영3.3㎡ 기준 1,750만 원이며, 수성구는 빌리브범어3.3㎡ 기준 4,625만 원이고, 중구는 e편한세 상대신3.3㎡ 기준 2,008만 원이다. 여기서 재미있는 사실은 대구시에서 3.3㎡ 기준 매매시세 가 가장 비싼 10곳 모두가 수성구에 있고 그 중에서도 1~6위와 9~10위는 범어동, 7~8

위는 만촌동에 있다는 점이다. 이 같은 특징은 적어도 아파트 측면에서 볼 때 대구시는 수성구가 일극 역할을 하고 있다는 것을 보여준다.

윤석열 대통령의 대구광역시 공약은 크게 7가지로 ▲ 대구·경북 통합신공항 조기 건설, ▲ 5+1 신산업육성·KTX역세권 첨단화, ▲ 문화예술허브 조성, ▲ 섬유·염색산업 단지 첨단화, ▲ 달빛고속철도 건설·경부선 도심구간 지하화, ▲ 금호강 친환경 수변문화공간조성, ▲ 낙동강 수계 취수원 다변화 등이다. 이중 부동산시장에 보다 더 강력한 영향을 주게 될 공약은 5+1 신산업육성·KTX역세권 첨단화, 달빛고속철도 건설·경부선 도심구간 지하화 등이다.

5+1 신산업육성·KTX역세권 첨단화는 대구광역시의 자족기능 강화를 위한 구상이다. 의료, 미래자동차부품, 물, 에너지, 로봇, ICT융합산업을 미래 먹거리 신사업으로 적극 육성하겠다는 것이 핵심이다. 이를 위해 동대구역과 동대구 벤처밸리 활성화, 서대구 역세권 개발을 통한 청년 일자리 조성과 함께 대구경북 경제과학연구소 설립을 통한 연구 역량 강화도 추진한다는 구상이다. 모두 자족기능 강화를 위한 것이라는 점에서 기대를 갖게 하는 공약이다. 수혜 지역은 동대구역 주변, 서대구 역세권 주변이 1순위가 될 것이다.

달빛고속철도 건설·경부선 도심구간 지하화와 관련해 달빛고속철도는 앞서 살펴본 바 있기 때문에 추가로 언급할 필요는 없다. 경부선 도심구간 지하화는 윤석열 대통령의 공약이 있기 전부터 이미 대구시 차원에서 적극 추진하고 있는 현안 사업이었다. 현재 대구를 지나는 경부선 도심구간은 도심 남북단절과 소음피해를 유발하고 있다. 따라서 이 문제를 해결하는 한편 선로부지, 선로 주변지역, 역사주변으로 구분해 상부공간과 역세권을 개발한다는 구상이다. 수혜 지역은 재생활성화지역으로 노후 주거지 정비가 추진 될 선로주변지역과 상업지역 정비와 지상부에 공원이 조성되는 한편 특화거리로 조성될 대구역, 동대구역 주변이 될 것이다.

이 외에도 KTX 서대구역이 2022년 3월 31일 개통되었고, 대구산업선 기본계획 확정, 2027

년 개통예정, 서대구~광주 간 달빛내륙선사전타당성 조사 중 등 주요 철도 연결이 예정되어 있다. 2024년이면 대구권 광역철도가 개통되기에 고속철도뿐만 아니라, 구미, 왜관, 경산 등 경상북도 주요 도시를 광역철도로 이동할 수 있는 허브 역사로 발돋움하게 될 서대구역 일원도 유망하다.

3) 경상북도

부동산시장 측면에서 볼 때 경상북도는 경산시와 포항시라는 이극 체제라고 볼 수 있다. 이는 경상북도에서 3.3m² 기준 가장 아파트 시세가 비싼 10곳 가운데 7곳이 경산시중산동, 계양동, 정평동, 3곳이 포항남구효자동, 대장동라는 데에서도 잘 드러난다. 경상북도의 미래가 국토균형발전의 성공여부에 달려 있다는 것으로 받아들일 수 있는 대목이다.

윤석열 대통령의 경상북도 공약은 7가지다. ▲ 대구 · 경북 통합신공항 건설, ▲ 광역교통망 확충, ▲ 신한울 3 · 4호기 건설 재개, ▲ 가속기 기반 신산업 · 미래차산업 육성, ▲ 백신 · 바이오산업 육성, 웰니스 산업 추진, ▲ 스마트 농업 클러스터 구축, ▲ 낙동강문화관광 르네상스 등이다. 이 중 부동산시장에 유의미한 공약은 대구 · 경북 통합신공항 건설과 광역교통망 확충이다.

대구 · 경북 통합신공항 건설은 중 · 남부권 거점 경제물류공항 육성이라는 점에서 의미가 있다. 신공항과 함께 항공드론전자부품거점단지 조성, 스마트 항공벤처 연구단지 조성, 군수정비산업 특화단지 조성, 드론정비 MRO 사업관련 기업 집적화 등도 함께 추진할 계획이기 때문에 자족기능 강화도 함께 진행될 것이다. 신공항 건설에 따른 수혜지역은 대구경북신공항 인근 지역이 될 것이다.

광역교통망 확충에서 특히 주목해야 할 것으로 대구 · 경북선 광역철도 구축을 손꼽을 수 있다. 이 노선은 김천~신공항~의성 중앙선을 연결하는 노선인데, 대구·경북신공항 개항 시점이 2028년으로 예정되어 있기 때문에 공항 접근성 측면에서 중요하다. 이외에도 제4차 국가철도망 구축계획 신규 사업에 반영된 대구도시철도 1호선 영천 금호 연장, 김천~구미 광역철도, 문경~김천 내륙철도, 점촌~영주선 전철화, 대구~광주선 등도 장기적인 관점에서 호재 요인이 될 수 있다. 수혜 지역은 대구경북신공항 인근 지역과 경북도청 신도시 주변지역, 울산, 경주시 등이다.

4) 경상남도

경상남도 소재 아파트 가운데 최고가 아파트 매매시세는 3.3m² 기준 3,473만 원이다. 결코 낮은 수준은 아니다. 그러나 지역별로 아파트 시세를 보면 큰 차이가 있다는 것을 알 수 있다. 또한 가장 아파트 시세가 비싼 10곳 가운데 6곳이 창원 성산구이고 4곳이 창원 의창구이다. 이 같은 흐름은 경상남도가 창원이라는 맹주와 진주, 양산, 김해, 거제라는 몇 곳의 보조 도시로 구성되어 있다는 것이 어색하지 않은 이유다.

윤석열 대통령의 경상남도 공약으로는 ▲ 차세대 한국형 원전산업 육성, ▲ 항공우주청 설립·항공우주산업 클러스터 조성, ▲ 진해 신항 조기 착공, ▲ 주력산업 구조 고도화·첨단산업 육성, ▲ 광역교통망 확충, ▲ 디지털 신산업 육성, ▲ 공공의료망 확충·고부가가치 농어업 육성 등이다. 여기서 부동산시장에 영향을 주게 될 것은 진해 신항 조기 착공, 광역교통망 확충 등이다.

진해 신항 조기 착공은 긍정적으로 보인다. 2021년 12월 28일 진해 신항 건설사업 예비타당성 조사가 최종 통과되었기 때문이다. 당초 계획은 2031년까지 개발을 완료한다는 것이었는데 이를 앞당기겠다는 것이 공약의 핵심이다. 진해 신항이 완공되면 부산 신항과 함께 2040년 기준 4,200만 티이유teu : 컨테이너를 나타내는 단위를 처리할 수 있는 세계 3위권의 세계 물류 중심 항만으로 성장할 전망이나. 이에 그치지 않고 가덕도 신공항 및 철도와 연계한 세계적인 트라이포트 물류 허브의 핵심 거점으로 성장할 것으로 기대를 모으고 있다. 이것이 진해 신항을 주목해야 하는 이유다. 수혜 지역은 진해와 창원이다.

진해신항 조감도 자료 : 경상남도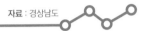

광역교통망 확충은 김천~거제를 연결하는 남부내륙철도 조기 착공과 거제역~가덕도 신공항까지 연장, 남해~여수 해저터널 조기착공, 경·부·울 광역철도망 구축, 경전선 수서행 고속열차 신설 등이 특히 주목해야 할 부분이다. 가정 먼저 남부내륙철도는 김천^평

화동~거제사등면간 177.9km의 단선철도를 신설하는 것으로 2027년 완공 예정이다. 수혜지역은 김천역이 입지하고 있는 평화동 일원과 역사가 자리 잡게 될 성주군 수륜면 일원, 합천군 합천읍 일원, 진주시 가좌동 일원, 고성군 고성읍 일원, 통영시 용남면 일원,

거제시 사등면 일원, 창원시 마산회원구 합성동 일원이 될 것이다.

다음으로 경·부·울 광역철도망 구축은 부산~경남양산~울산을 연결하는 광역철도로 제4차 국가철도망 구축계획에 반영된 노선이다. 이 노선은 총 연장 50km이며 부산 노포역에서 양산 웅상을 거쳐 KTX 울산역까지 연결될 예정인데 양산도시철도, 부산도시철도 1호선·2호선 및 계획 중인 부산 노포~정관선, 울산도시철도 1호선과 연계하여 부산~경남양산~울산을 1시간 생활권으로 연결하는 광역철도망이 될 것이다. 수혜 지역은 단연 노선이 지나는 역사 주변이다.

7.
강원·제주의
부동산 지형도는
어떻게 바뀔 것인가?

강원도는 18개 시군이 있다. 이중 2013년~2021년에 걸친 기간 동안 주민등록인구가 감소하지 않은 곳은 춘천시, 원주시, 횡성군, 양양군 등 4곳에 불과하고 나머지 14곳은 모두 인구감소 현상이 발생하고 있다. 이에 비해 제주도는 같은 기간 제주도 전체는 물론 제주시, 서귀포시 모두에서 주민등록인구가 증가하는 모습을 보였다. 균형발전이라는 점에서 볼 때 서로 다른 접근방식이 필요하다는 것을 알 수 있다.

1) 강원도

강원도는 인구감소로 인한 지방소멸 문제와 맞닥뜨리게 될 곳이다. 이에 따라 강원도를 위한 윤석열 대통령의 공약은 국토균형발전이라는 과제를 극복하기 위한 고민의 흔적이 곳곳에 드러나 있다. ▲ 강원경제특별자치도 설치, ▲ 광역교통망·항만 인프라 확충, ▲ 권역별 특화 신성장 산업육성, ▲ 폐광지역 경제 활성화, ▲ 거점별 관광테마 개발, ▲ 탄소중립특구 조성, ▲ 부가가치 농·임·수산업 실현 등이다. 대부분 자족기능 강화와 맞물려 있음을 확인할 수 있다. 부동산시장에 영향을 주게 될 공약으로는 광역교통망·항만 인프라 확충, 5대 권역별 특화 신성장 산업육성 등이다.

광역교통망·항만 인프라 확충은 크게 고속도로 건설과 철도건설, 항만 인프라 구축이 있다. 이중 관심을 가져야 할 것은 고속도로 건설과 철도건설이다. 강원도는 고속도로를 통한 접근성 개선도 부동산시장에 상당한 의미가 있다. 관광접근성 확보를 통한 자족기능 강화를 위해 기능할 수 있기 때문이다. 이런 점에서 볼 때 삼척~태백~정선~영월을 연결하는 동서고속도로 양방향 동시착공이나 화천~양구~인제~평창~영월을 연결하는 강원내륙 고속도로, 속초~고성을 연결하는 영동북부 고속도로, 철원~화천~고성 등 접경지역 동서횡단 교통망을 확충하게 되는 DMZ 고속도로 등은 강원도 접경 지역과 상대적으로 낙후되어 있는 내륙 지역의 발전에 긍정적인 영향을 줄 것이다.

한편 철도건설은 원주~횡성~홍천~춘천~철원을 연결하는 강원내륙선을 건설해 영서 지역 철도교통망을 확충하고, 춘천~속초를 연결하는 동서고속화철도를 조기 완공하며, 삼척~동해~강릉 철도 고속화 개량 사업을 조기 착공하겠다는 구상이 눈에 띈다. 그러나 보다 주목해야 할 것은 7대 공약에서는 빠져 있지만 강원도 현장 유세에서 GTX-B 노선의 춘천 연장을 약속한 부분이다. 만일 GTX-B 노선의 춘천 연장이 현실화될 경우 춘천시는 지금과는 차원이 다른 지역으로 거듭날 가능성이 매우 높다. 당연히 수혜 지역은 춘천이다.

5대 권역별 신성장산업 집중육성과 관련해서는 춘천을 데이터산업 수도로 육성하고, 원주는 의료 데이터와 의료기기산업을 융합한 정밀의료산업 및 디지털 헬스케어 메카로 육성한다는 것이 핵심이다. 또한 강릉권은 올림픽 자산을 활용한 메타버스 플랫폼, 강원북부권은 스마트 팜·스마트 관광, 강원남부권은 산림 클러스터·수소에너지산업·소형 화물차 특화 e-모빌리티 산업 핵심 산업 육성, 삼척LNG기지 중심 액화수소에너지 거점도시로 조성한다는 계획이다. 강원도의 천연자원 활용에 기반한 스마트 팜·스마트 관광이나 산림 클러스터 육성 등은 실현가능성이 높다. 다만, 강원도 집값을 볼 때 강원도를 대표하는 춘천시, 강릉시, 원주시를 제외할 경우 구심점 역할을 할 수 있는 곳이 많지 않다. 따라서 장기적으로 강원도는 관광 및 레저·휴가 기반 산업에서 돌파구를 찾게 될 것이다. 이에 따라 부동산시장이 긍정적인 방향으로 움직일 곳도 중심지 기능을 수행하는 춘천시, 강릉시, 원주시와 양양과 같이 강원도 특유의 천연자원 요소를 활용할 수 있는 지역으로 제한될 것이다.

2) 제주도

제주도 주민등록인구는 2013~2021년에 걸친 기간 동안 지속적으로 증가하는 모습을 보였다. 그런데 통계청 인구추계 자료에 따르면, 이 같은 인구 증가현상은 2037년까지 지속될 것으로 예상된다. 인구감소 문제가 부동산시장에 부정적인 영향을 주게 될 대한민국 부동산시장의 미래와는 다소 다른 모습을 보이게 될 것이다.

윤석열 대통령의 제주도 공약은 ▲ 제주 4·3 완전한 해결, ▲ 신항만 건설을 통한 해양경제도시 조성, ▲ 관광청 신설·제주 문화융성 비전 실현, ▲ 제주 제2공항 조속 착공, ▲ 제주형 미래산업 육성, ▲ 쓰레기 없는 섬, 청정 제주 구현, ▲ 의료안전망 강화 등이다. 이중 부동산시장에 직접적으로 연결되는 공약은 신항만 건설을 통한 해양경제도시 조성, 제주 제2공항 조속 착공, 제주형 미래산업 육성 등이다.

신항만 건설을 통한 해양경제도시 조성의 핵심은 크루즈선 접안이 가능한 신항만을 건설하는 것이다. 또한 컨테이너 부두 추가 건설, 지능형 물류연계체계 구축, 제주형 혁신물류 배후단지 조성을 추진하는 한편, 복합해양산업 허브 항만화, 배후부지 해양관광 클러스터 조성 등을 함께 추진한다는 구상이다. 다만, 아직 구체화된 내용이 없고 제주도민의 반대여론이 일어날 경우 공약 이행이 어려워지거나 늦어질 가능성이 있다.

다음으로 제주 제2공항 조속 착공 공약은 기대를 해볼 필요가 있다. 그 이유는 여러 가지가 있을 수 있겠지만 부동산 측면으로만 범위를 좁힐 경우 에어시티 지구, 스마트 혁신 지구, 항공물류 지구 등 공항복합도시 조성 등이 부동산시장에 긍정적인 영향을 주게 될 것이기 때문이다. 관심을 갖고 지켜볼 수혜 지역은 아무래도 제2공항이 들어설 것으로 보이는 성산읍 일원이다.

한편, 제주형 미래산업 육성은 전기차 배터리 산업의 경쟁력을 바탕으로 한 배터리 전주기 관리체계 구축, 제주형 메디컬 푸드, K-뷰티산업 클러스터 구축 등이 핵심이다.

다만, 이 공약은 강원도 등 비슷한 내용의 미래산업 전략과 겹치는 부분이 많기 때문에 계획대로 실행될 수 있을지는 좀 더 지켜봐야 한다.

Chapter

4

새 정부 5년,
주목해야 할
지역

1. 도심집중현상이 나타날 곳은 어디인가?

2. 광역철도망 수혜 지역은 어디인가?

3. 일자리가 늘어나는 평택시

4. 자족기능이 지켜줄 천안·아산

5. 행정도시로서의 업그레이드 기능 도시, 세종시

6. 더욱 크게 열리는 리모델링 장터

7. 틈새시장 1 : 소규모주택 정비사업

8. 틈새시장 2 : 지방소멸을 막아줄 수 있느냐가
   걸려 있는 도시재생사업

1.
도심집중
현상이 나타날 곳은
어디인가?

새 정부가 출범했다. 이에 따라 부동산시장도 여러 가지 변화가 있을 것으로 보인다. 당장 규제에 기반한 부동산 정책이 시장의 수요와 공급에 부합되도록 방향전환이 있을 것이 분명하다. 실제로 벌써부터 수도권 재건축·재개발 시장이 불안한 모습을 일부 보이고 있다. 리모델링 규제완화에 따른 수혜가 기대되는 수도권 제1기 신도시 주요 아파트 단지 역시 마찬가지 흐름을 보이고 있다.

그러나 무턱대고 아파트로 대표되는 주택을 구입하는 것은 신중에 신중을 기해야 한다. 굳이 금리상승과 세계경제를 짓누르고 있는 범삼치 않은 국제경제 환경을 논하지 않더라도 장기적인 관점에서 인구감소와 고령화 문제가 대한민국 부동산시장의 미래를 낙관적으로만 보기 어려운 상황을 조성하고 있기 때문이다. 이런 이유로 경제상황이나 인구문제에도 흔들림 없이 미래가치가 돋보이는 지역을 선택하는 것이 중요한데, 그 지역은 바로 지역과 관계없이 도심으로의 인구집중, 경제력 집중이 발생할 것으로 예상되는 지역이다. 수도권 우량지역과 비수도권은 일극 도시로서 기능하고 있는 지역들이 대표적이다. 수도권은 당연하기에 제외하고 도심집중 현상에 따라 주목할 필요가 있는 대표적인 지방 일극 도시인 대구광역시 수성구와 충청북도 청주시 2 곳을 살펴보겠다.

1) 대구광역시 수성구

대구광역시 수성구는 현재 대구 집값을 선도하는 지역이다. 3.3㎡ 기준 아파트 가격 1~10위까지 모두 수성구에 있다는 것이 이를 잘 보여준다. 현재 수성구 최고가 아파트의 매매시세는 3.3㎡ 기준 4,624만 원 수준이다. 서울시 관악구나 구로구, 중랑구는 물론 경기도 군포시, 김포시, 부천시, 광명시의 최고가 아파트 시세보다도 높은 수준이다. 이렇게 높은 시세가 형성되어 있는 이유가 바로 도심집중 현상 때문이다. 수성구는 관공서와 각종 오피스 건물이 밀집되어 있다. 이른바 업무지구 성격이 강하다는 의미다. 대구 MBC, KBS대구방송총국, TBC, 대구 국악방송, 대구 극동방송, 대구지방법원과 대구고등법원, 대구지방검찰청과 대구고등검찰청, 대구광역시경찰청, 대구광역시 교육청, 대구 전파관리소, 고용노동부 대구고용노동청이 모두 수성구에 있다.

뿐만 아니라 교육 인프라 역시 뛰어나다. 대구시를 대표하는 교육의 메카가 바로 수성구다. 특히 범어4동과 만촌3동은 10개 이상의 중·고등학교가 밀집되어 있다. 당연히 학원 등 사교육 인프라도 잘 갖춰져 있어 학부모들이 선호할 수밖에 없다. 뛰어난 지하철 교통망을 갖추고 있어 생활편리성이 뛰어나다는 점도 수성구가 자랑하는 강점 요인이다. 대구도시철도 2·3호선 등 대구시에서 지하철 역사가 가장 많이 자리 잡고 있는 곳이 바로 수성구다. 이쯤 되면 수성구에 도심집중 현상이 나타나지 않는다면 오히려 그것이 더 이상하다고 할 수 있다.

그래서 수성구는 주거 선호도가 가장 높은 지역으로 자리매김하고 있다. 종합적으로 볼 때 수성구가 지니고 있는 자족기능, 교육 인프라, 교통편리성은 결코 일순간에 사라지는 가변적 경쟁력이 아니다. 다만, 인구변수 측면에서는 좀 더 눈여겨 볼 부분도 있다. 행정안전부의 최근 10년 주민등록인구 추이를 보면 수성구의 주민등록인구가 지속적으로 감소하고 있음을 확인할 수 있다.

대구광역시 & 수성구의 주민등록인구 추이   자료 : 행정안전부

구분	2012년	2015년	2017년	2019년	2021년	감소명
대구광역시	2,505,644	2,487,829	2,475,231	2,438,031	2,385,412	-120,232
수성구	459,779	451,786	439,211	428,614	417,097	-42,682

뿐만 아니라 통계청 인구추계에서도 수성구 인구는 지속적으로 감소할 것으로 분석되었다. 2022년 대비 2037년 수성구 인구는 5만 2,679명12.99% 감소할 것으로 추정되었다. 다만, 동구와 달성군을 제외하면 여타 자치구와 엇비슷한 감소율을 보일 것이라는 점에서 수성구의 위상이 현재보다 현저히 감소하지는 않을 전망이다.

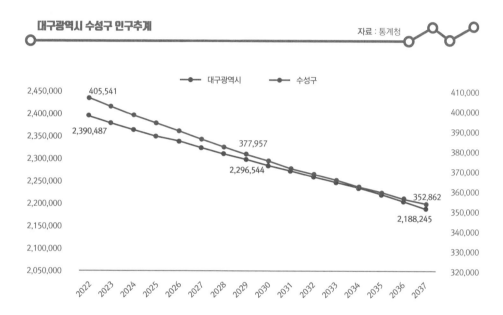

한편, 인구변수 측면에서 대구광역시에서 두드러지는 곳은 달성군이다. 통계청 인구추계에 따르면, 달성군의 2037년 인구는 2022년 대비 3만 9,792명14.52%으로 증가할 것으로 분석되었다. 또한 대구광역시 구·군 가운데 유일하게 인구가 증가할 전망이다. 이처럼 달성군 인구가 증가하는 이유는 달성군 자체의 경쟁력 강화에서 찾을 수 있다. 특히 대구 도시철도 2호선 개통 이후 택지개발이 이뤄지면서 읍내 역세권을 중심으로 대규모 주거 및 상업시설이 들어섰다. 그 결과 인구성장이 가팔라지면서 고성장을 거듭

한 다사읍이 눈에 띈다.

현재 다사읍에는 대실역, 다사역을 비롯해 2호선 종점인 문양역까지 3개의 도시철도 역사가 입지하고 있다. 첨단산업을 유치하기 위해 조성된 5차 첨단산업단지로 인해 자족기능이 강화된 데다 쾌적한 자연환경을 보유하고 있어 주거지로 인기가 높다는 점도 인구가 집중되고 있는 이유다. 여기에 달성군을 관통하는 대구산업선 건설도 예정되어 있다. 성서산업단지, 달성1차 산업단지, 테크노폴리스, 대구국가산업단지 등 대구의 서남권 산업단지와 서재·세천 지역 주거밀집 지역으로의 접근을 크게 개선해줄 것으로 기대를 모으고 있는 철도노선인 만큼 달성군의 미래가치를 강화하는 호재 요인이라고 할 수 있다. 이에 그치지 않고 현재 달성군의 3.3㎡ 기준 최고가 아파트 시세가 1,581만 원 수준으로 대구시내 구·군 가운데 가장 낮은 수준에 머물러 있다는 점도 매력적인

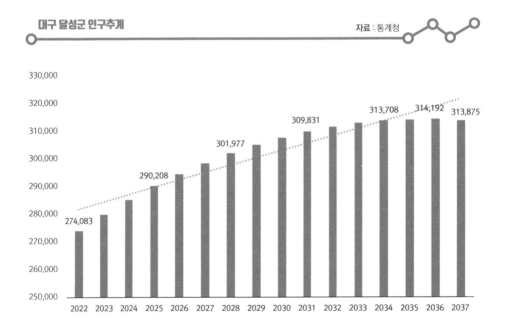

대구 달성군 인구추계   자료 : 통계청

274,083 (2022)
290,208 (2024)
301,977 (2028)
309,831 (2031)
313,708 (2034)
314,192 (2036)
313,875 (2037)

포인트다. 한편, 다사읍에서 좀 더 범위를 좁힐 경우 주목해야 할 지역은 매곡리와 죽곡리라고 할 수 있다.

2) 충청북도 청주시

충청북도는 청주시라는 일극 도시가 존재하고 있다. 조금 과장해 표현하면 청주시와 기타 지역으로 구분될 수 있다고 말할 수 있는 정도다. 이렇게 말할 수 있는 이유는 청주시 주민등록인구가 충청북도 인구에서 차지하는 비중을 통해서 확인할 수 있다.

2021년 말 기준 충청북도 시군별 주민등록인구 및 세대수 현황 자료 : 행정안전부

구분	총인구	총인구비중%	세대수	세대수비중%
충청북도	1,597,427	100	760,672	100
청주시	848,482	53.1	387,016	50.9
청주시 상당구	193,827	12.1	84,548	11.1
청주시 서원구	192,899	12.1	89,194	11.7
청주시 흥덕구	267,429	16.7	123,699	16.3
청주시 청원구	194,327	12.2	89,575	11.8
충주시	209,358	13.1	99,651	13.1
제천시	131,591	8.2	64,540	8.5
보은군	31,878	2.0	17,039	2.2
옥천군	50,093	3.1	25,104	3.3
영동군	45,773	2.9	23,813	3.1
증평군	36,426	2.3	17,832	2.3
진천군	85,176	5.3	41,323	5.4

구분	총인구	총인구비중%	세대수	세대수비중%
괴산군	38,122	2.4	21,851	2.9
음성군	92,197	5.8	47,431	6.2
단양군	28,331	1.8	15,072	2.0

　　행정안전부의 주민등록인구 자료에 따르면, 청주시 인구는 충청북도 총인구의 53.1%
이고 세대수 비중 또한 50.9%에 달하는 것을 알 수 있다. 그야말로 일극 도시라를 표현
이 더할 나위 없이 잘 맞아떨어지는 곳이 바로 청주시다.

충청북도와 청주시 인구추계　　　　　　　　　　자료 : 통계청

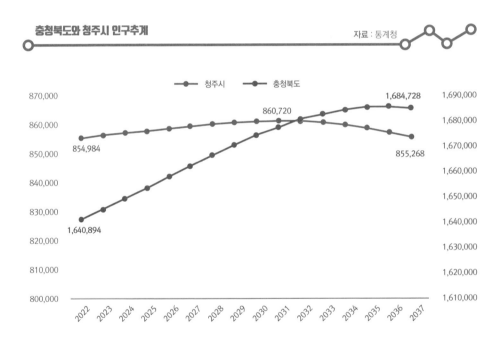

광역철도망 개통에 따라 경쟁력을 확보하게 될 지역은 부동산시장측면에서 가장 훌륭한 투자 유망지역이라고 할 수 있다. 수도권이냐 아니면 비수도권이냐와 관계없이 말이다. 특히 광역철도망인 경우 수혜의 정도가 커지기 마련이다. 새 정부에서도 광역철도망 호재 요인은 지속적으로 부동산시장에 긍정적인 영향을 주게 될 것이다. 그중 대표적인 광역철도망인 GTX를 우선 주목해야 한다.

1) GTX : 대도시권 광역교통기본계획의 핵심

'대도시권 광역교통기본계획'은 '대도시권 광역교통 관리에 관한 특별법'에 따라 20년 단위로 수립하는 법정계획이다. 2021년 10월 28일 제2차 대도시권 광역교통기본계획 2021~2040이 최종적으로 확정되었다. '대도시권 광역교통기본계획'은 광역교통의 목표와 추진전략을 제시하는 계획이다. 광역교통망이 부동산시장에 미치는 파급력이 시간이 경과함에 따라 엄청나게 커지고 있다는 점에서 볼 때, 주의 깊게 살펴봐야 한다. 한 나라가 자국의 광역교통망과 관련해 20년이라는 긴 기간을 목표로 수립해 추진하는 계획이라면, 그 자체로 이미 범상치 않은 계획인 만큼 분명하기 때문이다.

그런데 문제는 교통망은 대충 알 것 같은데 어디를 주목해야 할지를 찾는 것이 참 어렵다는 데 있다. 하지만 2021년 발표된 '제2차 대도시권 광역교통기본계획'은 엄청난 힌트를 주고 있다. 어떤 내용인지 보면 왜 힌트를 준 것이라고 표현했는지를 단박에 확인할 수 있다.

- 선진국 수준의 대도시권 광역철도망을 구축하고 도로의 간선기능을 회복하여 대도시권 내 30 분대 생활권을 실현
  - 수도권 광역급행철도망 및 비수도권 내 거점 간 광역철도 등 광역철도망을 2040년까지 3배 이상 확충하여 수도권 광역급행철도 수혜인구 비중을 2040년 80%까지 확대하고, 비수도권 내 거점 간 광역철도를 적극 확충하여 국가균형발전을 선도
  - 순환도로망 확대, 지하도로 등을 통해 대도시권 내 도로의 네트워크를 강화하고 광역교통축 의 혼잡도를 효과적으로 개선
- 저비용 고효율 교통수단과 환승센터를 확충하여 편리한 대중교통 이용환경을 조성
  - BRT 간선급행버스망을 대폭 확대하고 지하철 수준의 서비스 제공을 위한 S-BRT Super-BRT와 GTX 거점역 등과의 연계 교통수단 등으로 활용하는 트램을 도입·확산
  - GTX 중심의 환승센터를 2040년까지 30곳 구축하여 환승시간은 3분 미만, 환승거리는 1/2 로 단축하고, 자율차·UAM 등 새로운 교통수단을 지원하는 미래형 환승시설을 도입

위 내용은 '제2차 대도시권 광역교통기본계획' 확정을 알리는 보도자료에서 발췌한 것이다. 무언가 눈에 확 들어오는 것이 보이지 않는가? 아직 보이지 않는다면? 그렇다 면 좀 더 힌트가 필요하겠다.

환승체계 GTX 환승 Triangle 서울역-청량리역-삼성역 등 GTX 중심 환승센터를 **구축***하고 미래교 통에 대비한 신개념 환승센터 설립

* GTX역 환승센터 : '25년 4곳 → '40년 30곳

이제 좀 감이 잡힐 것이다. 그렇다.

위 내용을 요약하면, '결국 환승센터가 중요한데 특히 GTX역 중심의 환승센터의 역할이 매우 중요해진다'라는 것이다. 그렇다면 부동산을 매입할 계획을 세우고 있는 개인들은 어디를 주목해야 할까? 당연히 환승센터의 거점이 될 GTX 역사 주변이 최우선 순위가 되어야 하지 않을까? 새 정부도 부동산 투기만큼은 절대로 관용을 베풀지 않을 것이라는 점은 분명하다. 똘똘한 한 채가 갈수록 중요해질 것이라는 뜻이다. 그런 점에서 볼 때, 부동산시장에 관심을 갖고 있다면 광역교통망 그중에서도 특히 GTX을 가장 중요한 변수로 고려해야 할 것이다. '제2차 대도시권 광역교통기본계획'이 그리고 있는 대한민국 광역교통의 미래상을 직관적으로 표현한 것이 다음의 그림입니다.

대도시권 광역교통 미래상

자료 : 국토교통부 www.molit.go.kr

2) 환승 트라이앵글이라 쓰고 황금 트라이앵글이라고 읽는다

GTX 환승 트라이앵글'은 'GTX 골드 트라이앵글'이라고 불려야만 한다. 부동산시장 전반에 미치는 영향력의 정도가 그 어떤 GTX 역사와도 비교 불가일 것으로 예상되기 때문이다. 이런 주장을 하는 근거가 뭐냐고? GTX 환승 트라이앵글을 보면 그 이유를 어렵지 않게 확인할 수 있다. 다음의 그림은 GTX 환승 트라이앵글을 보여준다.

GTX 환승 트라이앵글   자료 : 국토교통부 www.molit.go.kr

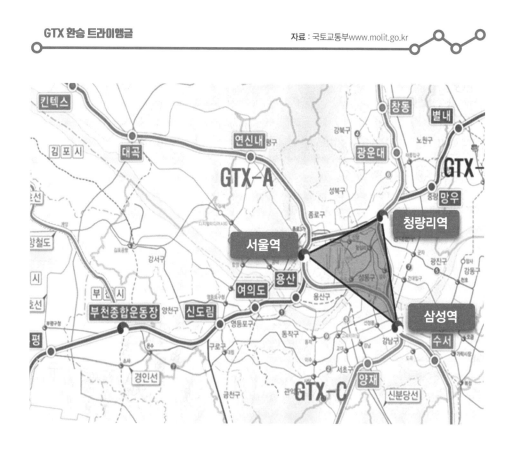

핵심 수혜 지역은 서울역 주변, 청량리역 주변, 삼성역 주변과 위 세 곳을 연결하는 삼각형 지역이다. 한편 각 역사별 수혜 지역은 조금씩 차이가 있을 예정이다. 청량리역, 삼성역, 서울역은 GTX-A, B, C 노선이 지나는 곳이기 때문에 서로를 연결하기 매우 편리한 지역이라는 특징을 자랑하게 될 것이다. 따라서 세 곳의 역사 주변 지역들은 큰 주목을 받을 것이다.

그러나 그 정도는 차이가 있을 수밖에 없을 것이다. 삼성역은 이미 엄청난 부동산 가격을 자랑하는 곳이다. 따라서 GTX 골드 트라이앵글 지역이 된다고 해서 그 자체만으로 엄청난 호재 요인이라고 보기 어렵다. 이미 스스로 잘난 지역이라는 뜻이다. 그러나 서울역이나 청량리역은 삼성역과는 다소 다르다. 그렇기 때문에 GTX 골드 트라이앵글 지역에 따른 수혜는 상대적으로 청량리역과 서울역 일원이라고 볼 수 있다.

3) GTX 환승거점이 황금알을 낳는 거위가 된다

2020년 11월 발표된 바 있는 GTX 환승센터 10곳도 향후 GTX 거점 지역으로서 기능하게 될 것이라는 점에서, 환승센터 인근 지역이 새로운 황금알을 낳는 거위가 될 수 있다. 이는 환승센터가 GTX 계획과 연계해 철도·버스 간 환승동선을 선제적으로 구축하기 위한 것이라는 점에서 더욱 그렇다. GTX 환승센터 시범사업 공모결과를 보면 총 10곳이 선정되었다. 수원역과 양재역이 최우수, 부평역, 용인역, 운정역, 인천시청역이 우수로, 동탄역, 부천종합운동장역, 의정부역, 인천대입구역이 입선이었다. 노선 별로 보면 각각 A노선 역사 2곳운정역, 동탄역, B노선 역사 4곳인천대입구역, 인천시청역, 부평역, 부평종합운동장역, C노선 역사 4곳동탄역, 수원역, 양재역, 의정부역이다.

구 분	역사명GTX 노선
최우수2개	수원역C, 양재역C
우 수4개	부평역B, 용인역A, 운정역A, 인천시청역B
입 선4개	동탄역A, 부천종합운동장역B, 의정부역C, 인천대입구역B

수원역은 교통거점으로서 강력한 기능을 수행할 것으로 기대를 모으고 있는 곳이다. 경부선KTX, 1호선, 분당선과 102개 버스노선이 교차하고 있는데 더해 GTX-C까지 더해지면 수원역은 경기 남부의 거점역으로서의 기능이 더욱 강화될 전망이다. 수혜 지역은 수원역 역세권 주변이다.

양재역은 지하철 3호선, 신분당선과 107개 버스노선광역버스 69개 노선이 교차하는 대규모 환승역이다. 이에 더해 GTX-C 노선이 추가된다. 또한 서초구 복합청사 사업과 연계해 공공청사와 환승센터가 시너지 효과를 기대할 수 있다. 수혜 지역은 당연히 양재역 주변이라고 할 수 있다.

부평역은 인천의 교통 중심지다. 경인선과 인천 1호선, 126개 버스노선이 경유하는데 GTX-B노선이 추가되는 것이다. 주변에 미군기지 이전 부지인 캠프마켓도 있기 때문에 부평역과 연계할 경우 기대를 해볼 만한 지역이다.

용인역은 GTX 역사 가운데 유일하게 고속도로와 인접해 있다. 또한 분당선과 교차하게 된다. GTX-A 노선 개통에 따라 주변 부동산시장에 매우 긍정적인 영향을 주게 될 것이다.

운정역은 파주 운정신도시와 교하지구 사이에 입지하게 된다. 배후인구가 24만 명에 달한다. 이를 고려해 역세권 통합개발을 구상하고 있다. 역사 인근에 상업·업무시설은 물론 문화 활동이 가능하도록 지상 녹지광장도 배치될 계획이다. 역사 주변과 운정신도시 및 교하지구를 수혜 지역으로 손꼽을 수 있다.

인천시청역은 인천도시철도 1호선과 2호선이 지나는 교차역인데다 공공시설이 밀집되어 있는 환승역이라는 특징이 있다. 이와 같은 특징으로 인해 인천시청역 주변 부동산시장에 매우 긍정적인 영향을 주게 될 것이다.

동탄역, 부천종합운동장역, 의정부역, 인천대입구역 등 역사 주변, 역시 GTX 개통에 부동산시장이 탄력적으로 반응할 전망이다. 동탄역은 동탄신도시가 갖는 강점이 추가로 더해진다는 점에서, 부천종합운동장역은 김부선이라는 오명을 벗을 것으로 예상된다는 점에서, 의정부역은 수도권 북부의 경쟁력을 높일 수 있는 광역교통망이 추가된다는 점에서, 인천대입구역은 송도신도시의 미래가치를 한 단계 더 끌어올릴 수 있는 호재가 될 것이라는 점에서 긍정적이다.

4) 울산광역시 울주군

이미 우리가 그 편리함을 만끽하고 있는 KTX 역사 주변도 다시 한 번 주목해볼 필요가 있다. 울산광역시 울주군이 그러한 지역이다. 울산광역시 울주군에서는 KTX 복합특화단지 개발사업이 추진되고 있다. 울산 KTX 역세권 개발사업은 울산역 배후에 산업, 연구, 교육, 주거, 기업지원 기능을 모두 갖춘 '자족 가능한 복합 신도심'을 조성하는 사업이다. 구체적으로 2025년까지 울산시 울주군 삼남읍 일원 153만㎡ 부지에 2만 8천여 명 1만 1천 세대이 생활할 수 있는 특화단지가 조성된다. 주목할 점은 자족기능 강화를 위해 전체 면적의 약 28%를 첨단산업단지로 지정해, 정보통신IT, 바이오BT, 나노기술NT 등의 미래 성장 동력 특화산업을 집중 육성할 것이라는 점이다.

대한민국의 미래 부동산 가치는 시간이 흐름에 따라 자족기능 확보와 밀접하게 연결될 것이다. 자족기능을 확보하지 못한 베드타운의 미래는 암울할 것이라는 뜻이다. 이런 점에서 KTX 역사는 물론 경부선과도 인접해 있는 데다 자족기능 강화가 예상되는 울산 KTX 복합특화단지 개발사업은 그 성공 가능성이 매우 높다. 울산 KTX 복합특화단지 개발사업은 2022년 말쯤 환지 보상에 착수한다는 구상이다. 따라서 계획대로 순조롭게 사업이 추진 될 경우, 울산의 새로운 중심지가 될 것으로 예상된다. 수혜 지역은 울주군 삼남읍이다.

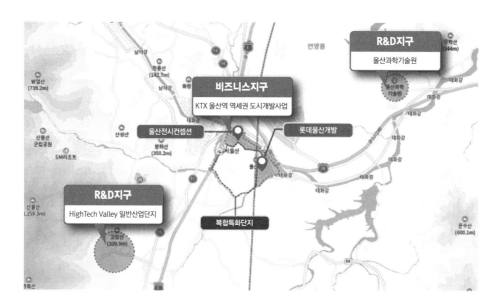

3.
일자리가 늘어나는
평택시

평택시는 경기도는 물론 수도권에서도 핫한 도시 가운데 하나이다. 다양한 개발 호재가 있는 데다 인구증가 현상까지 나타나고 있는 곳이기 때문이다. 다음의 그림은 평택시에서 진행되고 있는 주요 개발사업 현황을 보여주고 있다. 일자리가 늘어나고 인구도 늘어나는 현상이 발생했을 것임을 유추할 수 있는 대목이다.

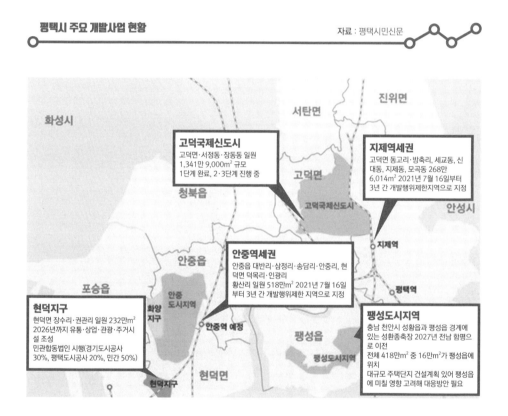

평택시 주요 개발사업 현황   자료 : 평택시민신문

고덕국제신도시
고덕면·서정동·장동동 일원
1,341만 9,000m² 규모
1단계 완료, 2·3단계 진행 중

지제역세권
고덕면 동고리·방축리, 세교동, 신대동, 지제동, 모곡동 268만 6,014m² 2021년 7월 16일부터 3년 간 개발행위제한지역으로 지정

안중역세권
안중읍 대반리·삼정리·송담리·안중리, 현덕면 덕목리·인광리
황산리 일원 518만m² 2021년 7월 16일부터 3년 간 개발행위제한 지역으로 지정

현덕지구
현덕면 장수리·권관리 일원 232만m²
2026년까지 유통·상업·관광·주거시설 조성
민관합동법인 시행(경기도시공사 30%, 평택도시공사 20%, 민간 50%)

팽성도시지역
충남 천안시 성환읍과 평성읍 경계에 있는 성환종축장 2027년 전남 함평으로 이전
전체 418만m² 중 16만m²가 팽성읍에 위치
대규모 주택단지 건설계획 있어 팽성읍에 미칠 영향 고려해 대응방안 필요

행정안전부의 주민등록인구 통계에 따르면, 평택시 인구는 지속적으로 증가하고 있는 것으로 나타났다. 평택시 인구가 지속적으로 증가하는 이유는 개발사업과 자족기

능 강화에서 찾을 수 있다. 특히, 자족기능 강화가 인구증가에 강력한 촉매제가 되었다.

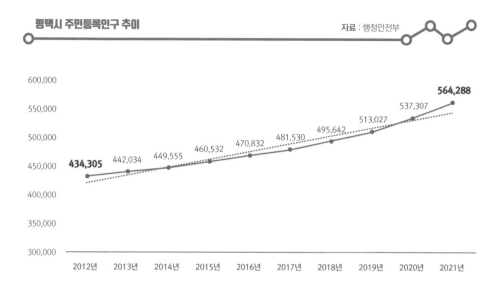

평택시 주민등록인구 추이

자료 : 행정안전부

600,000
550,000
500,000
450,000
400,000
350,000
300,000

434,305   442,034   449,555   460,532   470,832   481,530   495,642   513,027   537,307   564,288

2012년   2013년   2014년   2015년   2016년   2017년   2018년   2019년   2020년   2021년

다음은 평택시에 이미 조성이 완료되었거나 조성을 추진 중인 산업단지 현황이다. 엄청나다. 덕분에 평택시에는 세계 최대의 삼성반도체라인, LG디지털파크, LG전자와 해외 주둔 미군기지 및 경기도 내 8개 외국인투자단지 중 5개 단지가 입주하고 있어 자족도시로 쾌속성장하고 있다. 이에 그치지 않고 평택시에는 평택항이라는 국제무역항도 입지하고 있다. 평택항은 중국과 가장 짧은 거리상에 자리 잡고 있는 수도권의 관문항이자 동북아 종합물류 거점항만이다. 자동차 화물 처리량만 놓고 보면 4년 연속 국내 1위의 항만이 바로 평택항이다. 이런 자족기능이 돋보이는 평택시기에 미래 부동산 가치도 지속적으로 상승할 가능성이 높다. 특히 주목해 볼 필요가 있는 곳으로는 고덕국제신도시, KTX지제역 인근, 평택브레인시티 주변을 우선 손꼽을 수 있다.

LG Digital Park 일반산업단지 LG전자

진위2일반산업단지 LG전자 등

진위일반산업단지

서탄구, 유창 일반산업단지

진위3일반산업단지

어연한산업일반산업단지

고덕일반산업단지 삼성전자

브레인시티 일반산업단지

오성일반산업단지

칠괴일반산업단지

드림테크 일반산업단지

현곡일반산업단지

평택일반산업단지

고렴일반산업단지

아산국가산업단지 포승지구

포승2일반산업단지

송탄일반산업단지

경기경제자유구역

장당일반산업단지

추팔일반산업단지

서탄면　신장1동　신장2동　서정동　송북동　지산동　중앙동　송탄동　고덕면　세교동　통복동　비전1동　원평동　신평동　비전2동

진위면　청북읍　오성면　안중읍　포승읍　현덕면　팽성읍

조성완료 산업단지
추진 중인 산업단지

4.
자족기능이 지켜줄
천안·아산

어떤 도시가 좋은 도시인지, 살고 싶어 하는 도시인지를 알려주는 가장 확실한 지표 가운데 하나로 인구를 들 수 있다. 모든 도시 활동의 근간이 바로 사람, 즉, 인구라는 점에서 어떤 도시가 지속적으로 발전해 나가기 위해 인구는 필수적이다. 그런 인구가 증가한다는 것은 도시발전에 매우 긍정적인 현상이다. 이런 점에서 볼 때 천안시나 아산시는 매력적인 도시라고 할 수 있겠다. 다음은 천안시의 주민등록인구 추이를 보여주는 그래프다. 인구증가 현상이 나타나고 있다는 점에서 아산시도 천안시와 비슷한 모습을 보이고 있다.

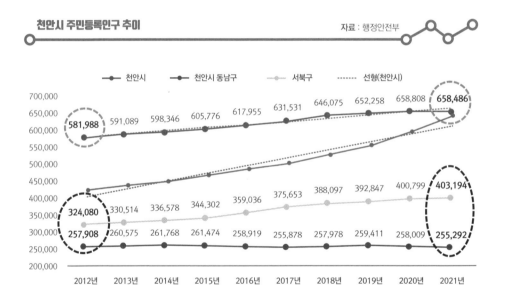

다음은 아산시의 주민등록인구 추이다.

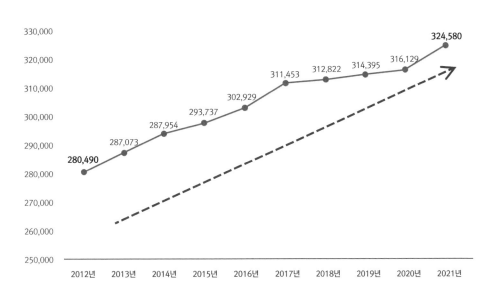

그렇다면 천안시와 아산시 인구증가 현상이 발생한 이유는 무엇일까? 바로 자족기능과 철도접근성 확보 때문이라고 할 수 있다. 먼저 천안시는 입지적 장점이 자족기능 확보와 인구증가의 배경이다.

위 그래프를 보면, 천안시는 충청남도의 핵심 도시이자 경기도 평택시와 연접해 있고 용인시와의 접근성도 뛰어나다는 점을 알 수 있다. 이런 이유로 천안 북부지역에 산업단지들이 입지하게 되었는데 지방산업단지·공업단지가 이미 조성되었거나 조성 중이며 도시개발사업·택지개발사업도 활발하게 진행되고 있다. 자연스럽게 사업체·종사자들의 유입이 인구 증가로 이어지질 수밖에 없는 구조인 것이다.

한편, 2040 충청남도 종합계획에 따르면 천안시 발전방향은 다음과 같다.

첫째, 북부 BIT산업단지, 직산 도시첨단 산업단지, 동부바이오 일반산업단지 등의 조성을 통해 소재 부품 장비 분야의 신성장 산업기반을 구축함으로써 지속가능한 경제기

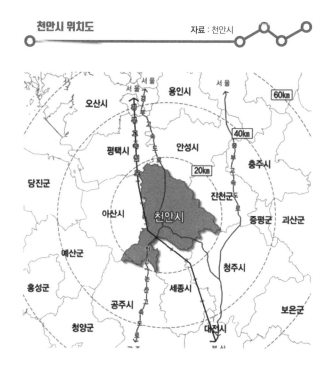

천안시 위치도   자료 : 천안시

반을 구축한다.

둘째, 첨단 미래도시 대비 신성장 동력 확보를 위해 KTX 역세권 연구개발 집적지구를 중심으로 국제과학기술 집적공간을 조성하며, '천안 과학기술산업진흥원'를 설치·운영하고 천안 축산자원개발부 이전 부지를 제조혁신파크로 조성하여 미래 신성장 동력을 확보한다는 계획이다.

천안시는 뛰어난 광역교통망을 자랑하는 도시이다. 경부선 천안역이 있고 인근에 KTX 천안아산역을 통해 수도권으로의 접근성이 뛰어나다. 뿐만 아니라 윤석열 대통령의 공약이 계획대로 추진될 경우, GTX가 천안아산역까지 연결될 것인 만큼 더욱 뛰어난 광역교통망을 갖추게 될 전망이다. 이에 따라 장기적인 관점에서 천안시는 매우 매력적인 지역이라는 감정을 유지할 것이다. 특히 서북구 지역을 주목할 필요가 있다. 아산시 역시 뛰어난 광역교통망과 자족기능이 돋보이는 충남을 대표하는 도시다. 광역교통망은 KTX 천안아산역이 있다.

천안아산역은 복합환승센터로 건립되기 때문에 역사 주변 지역 그 중에서도 아파트 단지에 매우 긍정적인 영향을 주게 될 전망이다. 윤석열 대통령의 공약처럼 GTX-C 노선이 천안아산역까지 연장될 경우 아산시에 미치는 긍정적 효과는 더욱 배가 될 것이

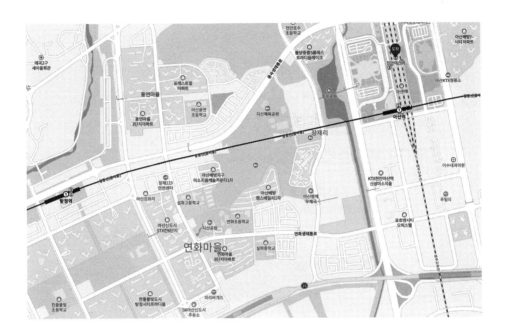

다. 자족기능 측면을 보면 현재 아산시의 주력산업은 디스플레이, 자동차 등이다. 그러나 향후 핵심소재·부품·장비의 자립적 생태계 조성을 추진한다는 구상이다. 뿐만 아니라 KTX 역세권 R&D집적지구, 삼성디스플레이시티 2단계를 조성하고 있기에 향후 아산시의 자족기능은 더욱 강화될 것이다. 관심 있게 지켜 볼 지역은 탕정면, 배방면 일원을 첫 손에 꼽을 수 있겠다.

5.
행정도시로서의
업그레이드 기능 도시,
세종시

세종시의 가치는 행정도시라는 것에서 찾을 수 있다. 행정도시도 그냥 행정도시가 아닌 정부종합청사가 입지하고 있는 행정도시이기 때문에 제2의 과천이 될 것으로 예상된다. 그래서 미래가치가 정말 기대되는 도시가 바로 세종시다.

세종특별자치시 위치도

자료 : 세종특별자치시청

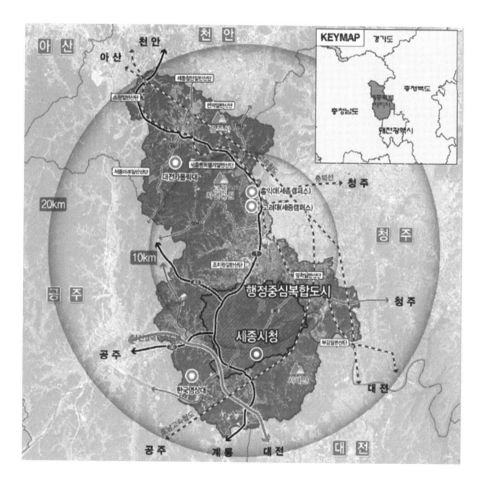

세종시의 부동산시장은 정부청사가 보증한다고 볼 수 있다. 다른 도시늘저넘 광역교통망을 크게 강조하지 않아도 된다. 그 이유는 애써 광역교통망을 강조하시 않아도 징부청사가 입지하고 있는 이상 접근성 확보는 기본적으로 갖춰질 수밖에 없기 때문이다. 그럼에도 세종시 광역교통망 확충가운데 기대되는 것으로 대전~세종~조치원~청주공항을 연결하는 충청권 광역교통망 구축, 세종 도심을 통과하는 충청권 광역철도망 조기 건설 등이 있다. 다만, 위 철도망 구축은 모두 세종시 자체의 미래가치를 돋보이게 하는 것이라기보다 상대적으로 세종시를 중심으로 여타 지역과의 균형발전에 무게중심을 두고 있다는 성격이 짙다. 충청권 메가시티 관점에서 그렇다. 충청권 광역교통망 구축의 수혜 지역은 세종시 북부지역인 조치원읍이다. 교통결절지로서 중부권의 새로운 산업 경제 허브로의 도약이 가능해질 것이다.

그러나 본질적인 측면에서 세종시의 미래가치는 행정기능 외에 세종시를 보다 풍성한 자족도시로 발돋움할 수 있게 해주는 요소들에 달려 있다고 보는 것이 타당하다. 그런 점에서 볼 때 눈여겨 볼 필요가 있는 것은 대통령 세종 제2집무실 설치, 대전·세종경제자유구역 지정, 중입자 가속기 암치료센터 설립 및 방사선 의과학융합산업 클러스터 구축, 세종 디지털미디어센터DMC 조성, 글로벌 청년 창업 빌리지 조성, 대학 세종공동캠퍼스 조기 개원 등을 들 수 있다. 모두 세종시를 제2의 과천시로 탈바꿈하게 할 변수들이기 때문이다. 혹자는 세종시의 미래를 너무 낙관적이고 모호하게 바라보는 것이 아니냐고 폄하할 수도 있다. 그러나 통계청의 세종시 인구추계는 그런 주장을 단호히 배격할 수 있도록 해주고 있다. 수혜 지역은 세종시와 대전·세종경제자유구역 지정이 기대되는 대전과 세종 인접지 산단 주변이라고 할 수 있겠다.

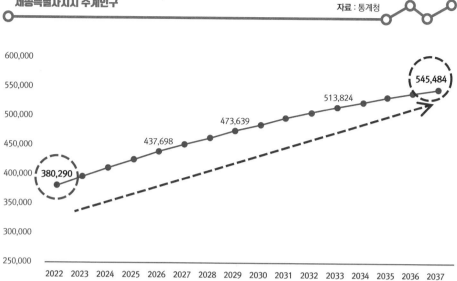

세종특별자치시 추계인구

자료 : 통계청

- 600,000
- 550,000 — 545,484
- 513,824
- 500,000
- 473,639
- 450,000
- 437,698
- 400,000 — 380,290
- 350,000
- 300,000
- 250,000

2022 2023 2024 2025 2026 2027 2028 2029 2030 2031 2032 2033 2034 2035 2036 2037

6.
더욱 크게 열리는
리모델링 장터

수도권 제1기 신도시를 관통하는 핵심 키워드는 리모델링이다. 그러나 리모델링만을 전문적으로 규율하는 별도 법률이 없다. 이는 재개발·재건축은 '도시 및 주거환경정비법'이 소규모주택정비사업은 '빈집 및 소규모주택 정비에 관한 특례법'이 있다는 것과 비교해볼 때 그 중요성이 과소평가되고 있는 측면이 있다. 그래서 윤석열 대통령은 신속한 리모델링 추진을 위한 법적·제도적 개선을 약속한 바 있다. 그 맥락에서 리모델링을 위한 '리모델링 추진법' 제정도 약속했다. 또한 안전진단 및 안정성 평가 절차개선을 위해 안전성 검토 과정에 국토부 산하기관뿐 아니라 민감참여 확대 및 리모델링 수직·수평 증축 기준 정비도 약속했다.

문제는 더불어민주당의 협조라고 볼 수 있는데 다행스럽게도 대선 기간이었던 지난 2020년 2월 12일 더불어민주 김병욱 의원이 '공동주택 리모델링 활성화를 위한 특별법'을 발의한다는 소식이 있었다. 적어도 여당과 야당이 모두 공감대를 형성했던 법률이라면 리모델링을 위한 법률 마련에 큰 문제는 없을 것으로 보인다.

일각에서는 윤석열 대통령이 공약했던 수도권 제1기 신도시 용적률 500% 공약이 리모델링에 큰 타격을 입힐 것이라는 우려를 하고 있다. 과연 그럴까? 리모델링과 재건축은 서로 결이 다른 사업이라는 점에서 과도한 우려라고 볼 수 있다. 단적으로 도로나 철도 같은 교통망을 늘리지 않은 상태에서 과연 용적률만 대폭 상향하는 것이 가능할지 자체가 의문이다. 수도권 제1기 신도시의 용적률을 500%까지 대폭 상향한다 해도 상향된 용적률을 모두 찾아먹기 힘든 구조가 될 수밖에 없다. 결국 리모델링 시장은 재건축과 별도로 각광을 받을 것이라는 뜻이다. 다음은 수도권 제1기 신도시 현황을 정리한 것이다.

현재 수도권 제1기 신도시의 용적률을 보면, 일산신도시의 용적률이 가장 낮고 분당신도시의 용적률이 그 다음으로 낮은 수준을 보이고 있다. 따라서 용적률 500%가 현실화될 경우 평균적으로 일산신도시와 분당신도시 내에서 리모델링보다 재건축을 추진하고자 하는 욕구가 더 강력하게 분출될 가능성이 높다. 특히, 상대적으로 용적률이 좀 더

구분	분당	일산	중동	평촌	산본
위치	성남시	고양시	부천시	안양시	군포시
면적천㎡	19,639	15,736	5,456	5,106	4,203
용적률%	184	169	204	205	226
수용인구만명	39.0	27.6	16.6	16.8	16.8
준공연도	96.12.31	95.12.31	96.1.31	95.12.31	95.1.31

낮게 개발이 된 아파트 단지라면 더욱 더 그런 흐름이 나타날 것이다. 중동신도시, 평촌신도시, 산본신도시에서도 비슷한 흐름이 나타날 것이다.

　그러나 그것이 수도권 제1기 신도시 모두에서 동일하게 나타날 것이라고 보아도 된다는 의미는 아니다. 현실적으로 재건축은 각종 규제완화에도 불구하고 결국 기반시설 확충과 같은 비용요소는 물론 다양한 건축과 관련된 규제에서 자유롭지 못하다. 또한 현재 리모델링에 가해지고 있는 신축 수준의 인허가 절차가 사업특성에 부합되도록 완화될 경우, 재건축에 비해 신속한 사업추진이 가능해질 것이기에 여전히 재건축과는 다른 이유로 주목을 받을 것이다. 결국 수도권 제1기 신도시에 엄청난 규모의 리모델링 장터가 들어서게 될 것이다.

　그렇다면 리모델링 완화에 따른 수혜 지역은 어디가 될까? 최우선 수혜 지역은 수도권 제1기 신도시가 될 것이다. 다만, 현재 용적률이 상대적으로 높지 않은 아파트 단지가 보다 더 주목을 받을 것이다. 수도권이 아니더라도 지방 주요 도심 지역의 아파트 중 용적률이 높지 않은 지역 역시 주목을 받을 것이기에 수혜 지역이라고 할 수 있다.

**7.
틈새시장 1 :
소규모주택 정비사업**

소규모주택 정비사업에 주목해야 하는 이유는 무엇보다 신속한 사업추진이라는 장점에 있다. 우리에게 친숙한 재개발이나 재건축이 통상 10년 정도의 기간이 소요되는 데비해 소규모주택 정비사업은 소요기간이 4~5년 정도로 매우 짧다. 그 이유는 그림에서 답을 찾을 수 있습니다.

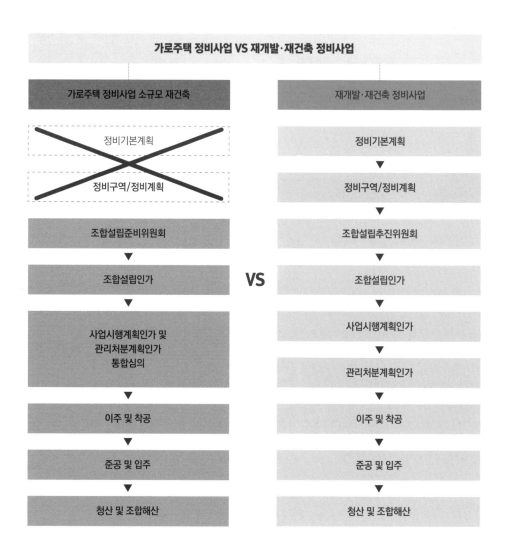

그림을 보면 재개발·재건축 정비사업에서는 필수적 절차인 정비기본계획수립과 정비구역 지정 및 정비계획 수립절차가 가로주택 정비사업이나 소규모 재건축에는 없다. 또한 재개발·재건축 정비사업은 사업시행계획인가와 관리처분계획인가를 따로 따로 받아야 하지만 가로주택 정비사업이나 소규모 재건축은 통합심의를 받는다. 이는 그만큼 사업추진 속도가 빨라진다는 것을 의미한다. 재개발·재건축 등 정비사업의 성패는 사업추진 속도에 달려 있다고 해도 과언이 아니다. 정비사업은 사업추진 속도에 따라 사업비가 변동할 수밖에 없는 구조이기 때문이다. 이런 점에서 볼 때, 재개발·재건축에 비해 사업기간을 절반 이상 줄일 수 있는 가로주택 정비사업과 소규모 재건축사업 등 소규모주택 정비사업을 주목하는 것은 지극히 합리적인 선택이라고 할 수 있다. 다만, 최근 새롭게 도입된 소규모 재개발은 사업시행구역 지정 과정을 거쳐야 하고 소규모주택 정비관리지역은 관리계획 수립이 선행되어야 하기에 신속한 사업추진이라는 측면에서 종전의 가로주택 정비사업이나 소규모 재건축에는 미치지 못할 것으로 예상된다.

　소규모주택 정비사업을 주목해야 하는 또 다른 이유로 사업성 개선을 위한 다양한 혜택이 있다는 점을 들 수 있다. 소규모주택 정비사업은 소규모로 진행되는 경우가 대부분이다. 신속한 사업추진을 통해 비용을 아끼는 것이 매우 중요한 사업이다. 그래서 소규모주택 정비사업은 신속한 사업추진을 위해 사업추진 절차를 간소화했다. 하지만 절차를 간소화했다고 해서 부족한 사업성까지 해결되는 것은 아니다. 그래서 소규모주택 정비법은 다음과 같이 다양한 혜택을 규정하고 있다.

☞ 대지의 조경기준 1/2범위,

☞ 건폐율의 산정기준 건축면적에서 주차정 면적을 제외,

☞ 대지안의 공지기준 1/2범위,

☞ 건축법 제60조에 따른 건축물의 높이제한 기준 1/2범위,

☞ 인접 대지경계선 등의 방향으로 채광을 위한 창문 등을 두는 경우의 건축물의 높이 제한 7층 이하 1/2범위, 관리지역에 위치한 15층 이하 건축물 1/2범위

☞ 부대시설 및 복리시설의 설치기준 완화 어린이놀이터 설치기준 중 일부 적용배제 등

☞ 단지안의 시설 설치기준 완화 폭 6미터 이상인 일반도로에 연접하여 주택을 「건축법 시행령」 별표 1 제3호 에 따른 제1종 근린생활시설과 복합건축물로 건설할 수 있음

☞ 소규모주택정비사업 시행구역 내 건축물 또는 대지의 일부에 정비기반시설, 공동이용시설, 주민공동시설 설치시 해당 지역에 적용되는 용적률에 그 시설에 해당되는 용적률을 더한 범위에서 시·도 조례로 정하는 용적률을 적용

☞ 노상주차장 및 노외주차장을 사용할 수 있는 권리 이하 "주차장 사용권"이라 한다를 확보하는 경우 그에 상응하는 범위에서 주차장 설치기준을 완화

☞ 관리지역에서 거점사업을 시행하는 경우 대통령령으로 정하는 바에 따라 서로 연접한 사업 시행구역을 하나의 사업시행구역으로 통합하여 시행할 수 있음 신규 도입

☞ 서로 연접한 사업시행구역을 하나의 사업시행구역으로 통합하여 시행하는 경우에는 제49조 제1항에 따른 공공임대주택의 임대주택 비율을 해당 사업시행구역마다 적용하지 아니하고 전체 사업시행구역의 전부 또는 일부를 대상으로 통합하여 적용할 수 있음 신규 도입

☞ 공공임대주택 또는 공공지원민간임대주택 비율이 20퍼센트 이상의 범위에서 시·도 조례로 정하는 비율 이상이 되도록 건설하는 경우 용적률 상한 적용 및 공공임대주택을 임대주택 비율이 10퍼센트 이상 20퍼센트 미만이 되도록 건설하는 경우: 임대주택 비율에 비례하여 시·도조례로 정하는 방법에 따라 산정된 용적률의 상한 적용

위 혜택은 자율주택 정비사업, 가로주택 정비사업, 소규모 재건축 모두에 적용된다. 좀 더 이해하기 쉽게 혜택의 주요 내용을 그림으로 살펴보면 다음과 같다.

첫 번째, 대지의 조경기준 완화다.

건축법 제42조_{대지의 조경}는 면적이 200m² 이상인 대지에 건축을 하는 경우 용도지역 및 건축물의 규모에 따라 해당 지방자치단체의 조례로 정하는 기준에 따라 대지에 조경 이나 그 밖에 필요한 조치를 하여야 한다고 규정하고 있다. 그런데 소규모주택 정비법 은 건축법 제42조에서 규정하고 있는 대지의 조경 기준을 건축심의를 거쳐 1/2범위 내 에서 완화받을 수 있도록 규정하고 있다.

대지의 조경 1/2 완화   자료 : 어반플롯건축설계사무소

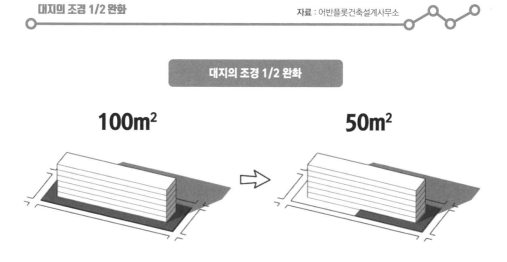

대지의 조경 1/2 완화

100m²   **50m²**

두 번째, 대지안의 공지기준 완화다.

건축법 제58조_{대지안의 공지}에 따르면 건축물을 건축시 '국토의 계획 및 이용에 관한 법 률'에 따른 용도지역·용도지구, 건축물의 용도 및 규모 등에 따라 건축선 및 인접 대지 경계선으로부터 6m 이내의 범위에서 대통령령으로 정하는 바에 따라 해당 지방자치단 체의 조례로 정하는 거리 이상을 띄우도록 하고 있다. 이를 가리켜 대지안의 공지라고

한다. 소규모주택 정비사업인 경우 건축심의를 거쳐 1/2범위 내에서 대지안의 공지기준을 완화받을 수 있다. 그림을 보면 대지안의 공지기준을 완화받은 후 건축면적이 늘어나게 된다는 것을 알 수 있다. 사업성 개선에 도움이 되는 것이다.

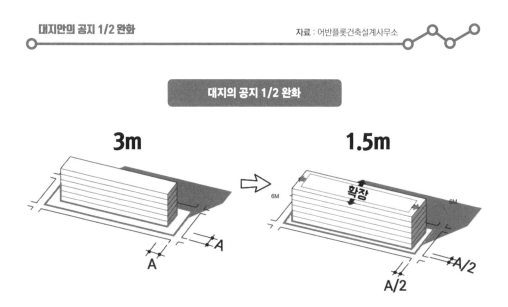

대지안의 공지 1/2 완화　　　자료 : 어반플롯건축설계사무소

세 번째, 용적률의 완화다.

건폐율과 용적률은 개발밀도를 보여주는 개념이다. 특히 용적률이 그렇다. 실제로 용적률의 변화에 따라 사업성이 크게 변동된다. 재건축이나 재개발 정비사업을 진행하는 조합들이 종상향예를 들어, 제2종 일반주거지역 ⇒ 제3종 일반주거지역을 적극 추진하는 이유도 결국 종상향을 통해 기대할 수 있는 '용적률 상승 → 사업성 향상'이라는 효과를 기대할 수 있기 때문이다. 자, 그럼 지금부터 용적률완화에 따른 효과가 어떻게 나타나게 되는지를 그림을 통해 확인해보겠다. 용적률이 200%에서 250%로 완화되면 동일한 토지 위

에 더 많은 아파트를 건축할 수 있다는 것을 알 수 있다. 명확하게 사업성이 개선될 수 있는 혜택인 것이다.

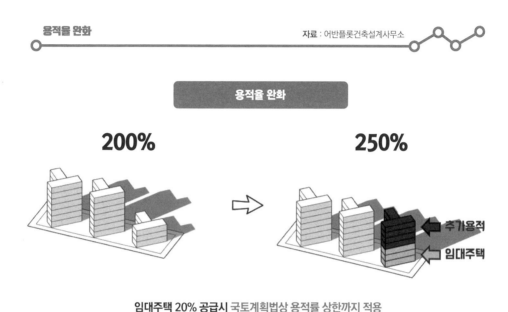

임대주택 20% 공급시 국토계획법상 용적률 상한까지 적용

네 번째, 건폐율 완화다.

소규모주택 정비사업인 경우 건축심의를 거쳐 건폐율 산정 시 건축면적에서 주차장 면적을 제외받을 수 있도록 규정하고 있다. 지상주차장 면적이 건폐율 산정에서 배제되는 만큼 아파트나 상가를 건설할 수 있는 면적이 증가하게 된다. 건폐율 완화가 사업성 개선에 기여할 수 있는 이유다.

자료 : 어반플롯건축설계사무소

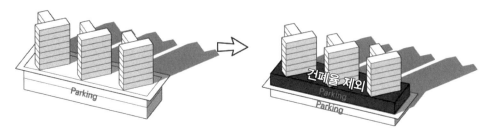

건폐율 완화

지상주차장 건설 시 건폐율 제외

다섯 번째, 높이제한 완화다.

건축법 제60조건축물의 높이 제한에 따르면 '허가권자는 가로구역街路區域을 단위로 하여 대통령령으로 정하는 기준과 절차에 따라 건축물의 높이를 지정·공고할 수 있다.'라고 규정하고 있다. 소규모주택 정비법은 소규모주택 정비사업을 시행하는 경우 건축심의를 거쳐 높이 제한 기준을 1/2의 범위 내에서 완화 적용받을 수 있도록 규정하고 있다. 그림을 보면 높이제한 완화 덕분에 더 많은 아파트를 공급할 수 있음을 확인할 수 있다, 높이제한이 '건축규제의 완화 등에 관한 특례'인 이유다.

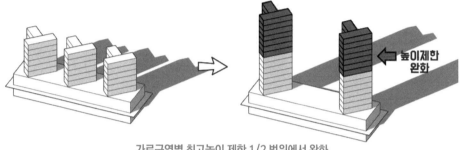

높이제한 완화

가로구역별 최고높이   **1/2범의에서 완화**

높이제한 완화

가로구역별 최고높이 제한 1/2 범위에서 완화

여섯 번째, 주택도시보증공사HUG를 통한 파격적인 금융지원이 가능하다는 점이다. 주택도시보증공사HUG는 소규모주택 정비사업을 시행하는 데 있어 매우 강력한 지원을 하고 있다. 바로 금융지원이다. 자율주택 정비사업과 가로주택 정비사업에 대해서는 직접적인 융자 즉, 대출을 해주고 있고 소규모 주택축인 경우에는 보증을 통해 지원을 하고 있다. 금융지원 측면에서 볼 때, 자율주택 정비사업과 가로주택 정비사업이 소규모 재건축에 비해 비교 우위라고 볼 수 있다. 여기서 가로주택 정비사업과 소규모 재건축 사업에 대한 금융지원을 핵심만 살펴보도록 하겠다.

■ 가로주택 정비사업에 대한 금융지원

가로주택 정비사업은 조합, 공동시행자, 공공시행자가 융자대상이 된다. 자율주택 정비사업에는 조합이 없지만 가로주택 정비사업은 조합이 있는 경우가 대부분이다. 그래서 융자대상에 조합이 포함된다. 융자는 크게 초기사업비와 본사업비로 구분된다. 이 부분은 자율주택 정비사업과 같다. 하지만 한도는 다르다. 초기사업비는 총사업비의 5%이기는 하지만 15억 원을 한도로 규정하고 있다. 다만, 본사업비는 자율주택 정비사업과 마찬가지로 공공참여 여부, 임대주택공급 여부에 따라 총사업비의 50~90%를 한도로 지원된다. 이자율이 저렴한 것은 자율주택 정비사업과 동일하다. 사업시행구역 내 빈집이 10가구 이상이거나 빈집의 대지면적이 전체 사업면적의 20% 이상을 포함하는 경우, 공공이 참여하는 경우에는 연 1.2%이고 그 외에는 연 1.5%다. 다음은 가로주택 정비사업에 대한 융자지원 내용을 정리한 것이니 참고하기 바란다.

가로주택 정비사업 융자 지원　　　　　　　　　　자료 : 국토교통부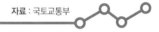

분류	초기사업비	본사업비		
융자대상	조합, 공동시행자, 공공시행자 ※ 단독 10호, 다세대주택 20호 이상			
이율	연1.5%변동금리 ※단, 사업구역내 빈집 10호이상이거나 빈집의 대지면적이 전체 사업면적의 20% 이상을 포함하는 경우 또는 공공이 참여할 경우 연1.2%			
용도	조합설립인가 이후 사업시행계획인가 이전까지의 사업비 조합운영비, 용역비, 총회비용 등	사업시행계획인가 이후 준공에 소요되는 사업비 초기사업비 상환자금, 공사비, 이주비, 금융비용 등		
한도	총사업비의 5% 15억원 한도	공적임대주택공급시 건축연면적 또는 세대수 20% 이상 공급시	공공시행자	총사업비의 90%
			공공 외 시행자	총 사업비의 70%
		그 외		총사업비의 50%

분류	초기사업비	본사업비
기간	조합설립인가 이후부터 해당 사업장 사업비 대출일까지 최초 융자 실행일로부터 5년 이내에서 연장 가능	사업시행계획인가 이후부터 준공 후 6개월까지 이주비를 제외한 융자금액은 최초 융자실행일로부터 5년 이내에서 1년 단위로 연장 가능
상환방법	만기일시상환 중도상환수수료 없음	

■ 소규모 재건축사업에 대한 금융지원

소규모 재건축사업은 직접 금융지원 즉, 대출을 해주는 가로주택 정비사업이나 자율주택 정비사업과 달리 정비사업 대출보증을 지원해주는 데 그치고 있다. 정비사업 대출보증은 조합이 금융기관으로부터 정비사업의 필요자금 이주비, 부담금, 사업비을 조달할 때 이용하는 상품으로 금융기관에 대출 원리금 상환을 책임지는 보증을 말한다. 보증금액은 이주비대출원금, 부담금대출원금, 사업비대출원금 등이고 보증기간은 보증서 발급일로부터 대출원금 상환기일까지다.

한편, 보증한도는 조합사업비 대출보증은 임대주택에 대한 매입확약비율에 따라 총사업비의 50~90%이고, 조합원부담금 대출보증은 조합원 부담금의 70%, 조합원 이주비 대출보증은 조합원별 종전 토지 및 건축물 평가액의 70%이다. 하지만 직접적인 금융지원이 아니기 때문에 소규모 재건축사업을 진행하는 대다수의 조합은 사업초기부터 시공사를 선정하거나 신탁방식으로 사업을 진행하고 있다. 어쩔 수 없는 경우이기는 하지만 시공사나 신탁사의 도움을 받기보다 주택도시보증공사가 직접 융자지원을 해주면 좋을 텐데, 좀 아쉬운 부분이다.

8.
틈새시장 2 :
지방소멸을 막아줄 수
있느냐가 걸려 있는
도시재생사업

대한민국의 미래는 지방소멸과 같은 동일한 지역에서까지 진행되고 있는 심각한 지역 쇠퇴문제를 어떻게 해소해 나가느냐에 달려 있다. 이렇게 말할 수 있는 근거는 2020년 12월 기준 도시재생활성화지역 진단결과에서 찾을 수 있다. 참고로 도시재생활성화지역 진단은 과거대비인구변화, 최근 인구변화, 과거 대비사업체 변화, 최근 사업체 변화, 노후건축물비율 등 5항목으로 측정되었다. 이 측정항목으로 대한민국 전체 읍면동을 분석한 결과는 매우 충격적인 것으로 나타났다.

2020년 도시재생활성화지역 진단 결과

자료 : 도시재생종합정보체계

지표구축 기준년도 : 2020년 12월 기준 | 분석 단위 : 읍면동 행정동

부문	지표명	지표설명	기준 요건
인구사회 부문	과거대비 인구변화%	최근 30년 간의 인구가 가장 많았던 시기대비 현재의 인구 증감률	20% 이상 감소지역 −100~−20
	최근 인구변화 년수	최근 5년 간 3년 이상 연속으로 인구가 감소한 지역	3년 이상 연속감소 3~5
산업경제 부문	과거대비 사업체변화%	최근 10년 간 총 사업체수가 가장 많았던 시기 대비 현재의 총 사업체수의 증감률	5% 이상 감소지역 −100~−5
산업경제 부문	최근 사업체 변화년수	최근 5년 간 3년 이상 연속으로 총 사업체수가 감소한 지역	3년 이상 연속감소 3~5
물리환경 부문	노후건축물 비율%	전체 건축물 중에서 준공된 후 20년 이상이 지난 건축물이 차지하는 비율	50% 이상 50~100

대한민국에서 위 항목 가운데 2개 이상을 충족하는 읍면동 비율이 무려 68.7%에 달하는 것으로 분석되었다. 이는 대한민국에서 도시재생이 얼마나 필요한지를 보여주는 것이라고 말할 수 있다. 그렇다면 윤석열 정부에서 국토균형발전이라는 이름으로 구체화될 도시재생은 어떤 형태가 될까? 명칭이나 일부 제도의 보완은 있을 수 있지만 큰틀에

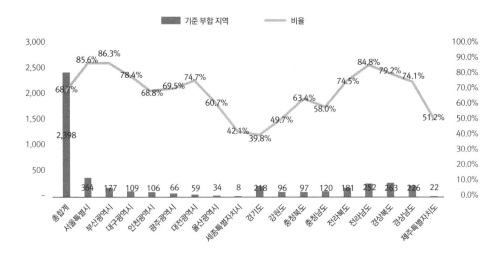

도시재생활성화지역 기준 부합 읍면동 비율
자료 : 도시재생종합정보체계

■ 기준 부합 지역　——— 비율

서 보면 도시재생 뉴딜과 그 궤를 같이 할 것으로 보인다. 물론 명칭이나 좀 더 무게중심을 두게 될 영역은 달라질 수 있지만 개략적인 방향은 다음과 같이 예상된다.

첫째, 소규모주택 정비사업은 더욱 강력하게 추진될 것이다.

둘째, 전국적으로 평균적인 의미에서의 도시재생이 추진되며 주택공급이라는 측면이 좀 더 강화될 것으로 보인다. 문재인 정부에서 추진되던 도시재생 뉴딜의 주거지재생과 같은 형태가 보다 더 주목받을 전망이다.

셋째, 지역의 장점을 적극 활용한 지역 살리기와 이에 기초한 균형발전이 시도될 것이다. 새 정부에서 균형발전과 도시재생을 함께 묶는 정책적 노력이 문재인 정부 못지않게 적극 추진될 것이다. 다만, 모든 지역이 골고루 도시재생이나 균형발전의 수혜를 입을 수는 없을 것인 만큼 정부가 정책의 수립과 집행에 앞서 철저한 분석과 옥석가리기를 병행할 것이다.

이상과 같은 전망에 기초할 때 도시재생이 호재가 될 수 있을 지역은 도심 내 양호한 입지를 확보하고 있기에 재생이 추진될 경우 경쟁력을 확보할 수 있는 지역이 될 것이다. 따라서 수도권과 비수도권 주요 도심 내 도시재생 사이트들이 수혜 지역이 될 수 있을 것으로 예상되는 만큼 관심 지역을 도심 내 재생지역으로 좁히는 것이 바람직하다.

Chapter

5

새 정부에서
반드시 챙겨야 할
부동산 투자 원칙

1. 직주근접성에 주목하자
2. 대중교통망이 잘 갖춰진 곳을 찾아라
3. 인구감소 문제에서 자유로울 수 있는 곳이 유망하다
4. 학교 인프라는 학령인구로 판단하라
5. 부동산 정책과 언론의 흐름을 예의 주시하라
6. 실수요를 기초로 투자까지 겸비하는 자세가 필요하다
7. 돈 되는 아파트를 선택할 수 있는 안목을 키워라
8. 고수익을 기대할 수 있는 상가를 선택하는
   지혜가 필요하다

1.
직주근접성에
주목하자

직주근접성은 집값을 결정하는 가장 중요한 요소다. 수도권 집값이 잘 나가는 가장 큰 이유도, 비수도권 대도심의 집값이 두드러지게 비싼 이유도 바로 직주근접성과 밀접하게 연결되어 있다. 따라서 넓게 보면 부동산시장의 미래가, 좁게 보면 집값의 미래가 향후 직주근접성이 어떻게 변화하느냐에 따라 결정된다고 해도 무방하다.

그런데 이런 흐름은 우리가 구체적으로 체감하지 못했을 뿐 이미 현실에서도 어렵지 않게 찾아 볼 수 있다. 실제로 수도권은 물론 자족기능이 뛰어난 주요 비수도권 도심 지역의 집값 흐름에서도 이 같은 추세가 잘 드러난다. 다음 그래프는 지방 주요 대도심의 아파트 매매가격 지수추이다. 이 도시들은 모두 지역 내에서 우수한 자족기능을 자랑하고 있다.

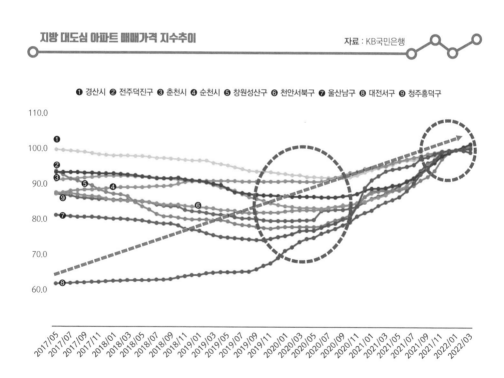

지방 대도심 아파트 매매가격 지수추이　　　　자료 : KB국민은행

❶ 경산시　❷ 전주덕진구　❸ 춘천시　❹ 순천시　❺ 창원성산구　❻ 천안서북구　❼ 울산남구　❽ 대전서구　❾ 청주흥덕구

그래프를 보면 경산시를 제외한 청주시 흥덕구, 천안시 서북구, 춘천시, 창원 성산구, 순천시, 전주 덕진구, 울산 남구, 대전 서구 모두 아파트 가격이 유의미하게 상승했다는 것을 확인할 수 있다. 특히, 대전 서구와 울산 남구의 아파트 가격이 상대적으로 더 상승한 것을 알 수 있다. 이 같은 현상이 나타낸 배경에 자족기능이 자리 잡고 있는데 미래에도 이런 흐름은 지속될 것이다.

그렇다면 수도권의 미래는 어떨까? 지방 주요 대도심에 비해 그 정도가 더욱 심화될 것이다. 즉, 직주근접성을 양호하게 확보하고 있는 지역과 상대적으로 덜 확보하고 있는 지역 사이의 집값이 갈수록 격차를 보이게 될 것이다.

직주근접성은 크게 두 가지 측면에서 접근할 수 있다. 하나는 직장과의 절대적 거리와 소요시간으로부터 촉발되는 직주근접성이다. 다시 말해, 직장과 거주지와의 물리적 거리가 얼마나 되고 그 거리 덕분에 얼마나 빨리 직장으로의 접근성을 확보할 수 있느냐의 문제다. 다른 하나는 직장과의 접근 시간으로부터 발생하는 직주근접성이다. 다양한 교통망을 활용해 얼마나 빨리 직장에 도달할 수 있느냐의 문제인 것이다.

이 두 가지는 각각 부동산과 집값에 영향을 미치기도 하고 독립적으로 영향을 미치기도 한다.

그러나 가장 크게 영향을 미치게 될 변수는 아무래도 직장과 거주지와의 물리적 거리와 접근 소요시간이라고 할 수 있다. 그 중 물리적 거리가 짧아 소요시간도 짧은 지역이 핵심이다. 이럴 경우 대한민국 집값의 미래는 결국 서울 도심과 수도권 중심지역 및 지방 주요 대도심 지역으로의 회귀현상이 강력하게 나타날 수 있는 곳들에 달려 있다. 높은 집값은 덤이 될 것이다.

2.
대중교통망이
잘 갖춰진 곳을 찾아라

2019년 통계청이 〈통신 모바일 데이터를 활용한 수도권 근로자의 이동 현황〉이라는 보고서를 발표했다. 이 보고서에 따르면, 출퇴근 시간이 가장 긴 자치구는 도봉구와 노원구였고 출퇴근 소요시간은 58분인 것으로 나타났다. 그 다음으로 강북구가 56분, 은평구 55분, 강서구 53분이었는데 출퇴근 소요시간이 가장 짧은 자치구는 용산구, 중구, 종로구로 45분이었다. 여기서 재미있는 사실은 서울 거주자인 경우 송파구에서 강남구로 출퇴근하는 경우가 가장 많았다는 점이다. 또한 성남시 분당구에서 서울 강남구로 통근하는 경우도 많은 것으로 조사되었다. 이 같은 현상은 강남접근성 개선에 따라 집값이 크게 상승하는 원인을 일정 부분 설명해준다. 그런 점에서 볼 때 향후 대중교통망 확충이 어떻게 될 것인지를 읽는 것이 중요하다.

다음 그림은 제2차 대도시권 광역교통기본계획에 나타난 수도권 광역 대중교통망 확충 방향이다. 그림을 보면 핵심은 수도권 지역 간 이동성 강화와 이동시간 감축을 위한 광역철도망 구축이다. 그래서 '제2차 대도시권광역교통기본계획'에서는 '수도권 광역급행철도 신설 및 기존 광역철도의 급행화'와 '지역 별 기존 도시철도와의 유기적인 연계성 강화를 통해 광역철도 건설 효과 극대화'를 강조한다. 수혜 지역은 광역교통망 확충 및 개선에 따라 강남 및 서울로의 접근성이 개선되는 지역 그 중에서도 철도접근성이 확충 또는 강화되는 지역이 될 것이다.

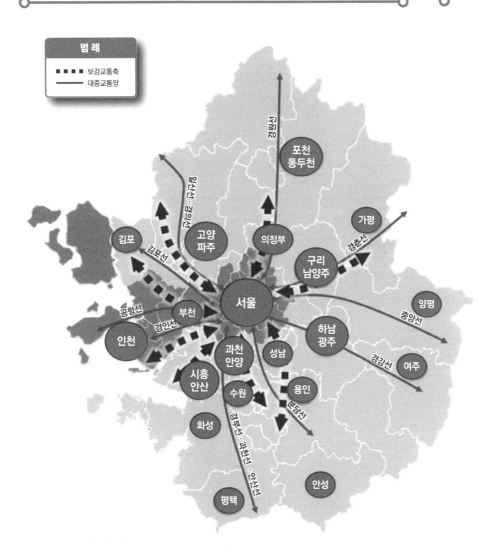

부산·울산권 광역교통 확충은 메가시티 구축을 위한 것이다. 이를 위해 현재 구축 중인 철도망은 부산·울산을 신속하게 연결하는 것에 초점을 맞추는 한편 기존 도시철도망과 연계한 부울경 광역철도망 구축이 적극 추진될 것이다. 즉, 부산·울산권 광역교통 확충에 따른 수혜 지역은 메가시티 구축을 위한 연계라는 점에서 강화되는 교통망과 철도역 중심 복합환승센터 주변을 따라 발생하게 될 것이다.

부산·울산권 광역대중교통망 확충 방향   자료 : 제2차 대도시권광역교통기본계획

대구권은 대구광역권 내 광역교통의 이동성 강화와 대중교통 간 연계성 확대가 핵심이다. 이를 위해 광역철도망 확충과 철도망을 보완하는 광역버스체계를 구축한다는 구상이다. 그럼에도 불구하고 핵심은 광역철도망 확충이라고 할 수 있다. 따라서 현재 진행 중인 대구선, 대구권 광역철도 등 주요축을 연계하는 광역철도와 대구도시철도 1호선 연장 등 대구도시철도망과 광역 철도망의 연계를 주목해야 한다. 이런 맥락에서 수혜 지역은 서대구고속철도역과 대구권 광역철도역을 연계하는 복합환승센터 주변지역 및 대구권 광역철도 신설역사 주변이 될 것이다. 이와 함께 이전 예정인 대구공항을 광역거점으로 하는 공항철도 및 연계도로 망 역시 중요한 역할을 수행하게 될 것이다. 대구권 광역철도사업이 이전 예정인 대구공항과 연결해 중요한 역할을 할 가능성이 높기 때문이다.

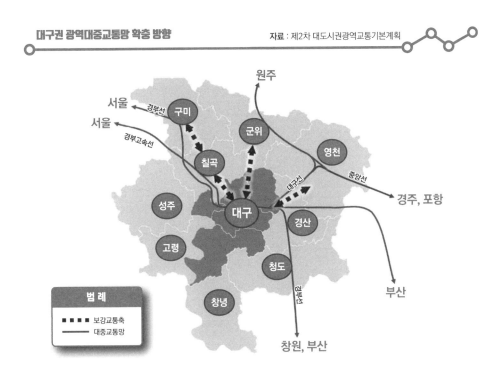

대구권 광역대중교통망 확충 방향   자료 : 제2차 대도시권광역교통기본계획

광주권은 중심도시와 주변 시군의 균형발전을 위한 광역교통시설 공급이 핵심이다. 특히, 광주 도시철도 1·2호선과 연계효과를 위해 광역대중교통 시설 도입이 추진될 것으로 보이는 나주~혁신도시~광주축이 유망할 것이다. 또한 광역 간선 및 순환망 확충이 추진될 것이다. 특히, 지역 간 접근성 확보가 필요할 것으로 예상되는 담양 첨단문화복합단지, 광주 효천1, 광주 선운2, 내남, 선교, 광주 남구 도시첨단산업단지, 광주·전남 공동혁신도시개발 등은 간선도로망을 확충해 연결성이 확보될 것인 만큼 수혜를 입을 것으로 예상된다. 뿐만 아니라 기존 광주도심의 교통축이 될 광주 도시철도 1호선 및 2024년 완공 예정인 2호선 철도역 주변도 주목할 필요가 있는 유망지역이다.

광주권 광역대중교통망 확충 방향　　　자료 : 제2차 대도시권광역교통기본계획

대전권은 대전~세종시^{행정중심복합도시}, 대전~청주시^{청주공항} 등 주변 도시와의 연결을 위한 광역교통시설 확충이 핵심이다. 이를 위해 추진되는 대전~계룡, 대전~세정, 대전~옥천 등 광역철도 확충이 주목받을 것이다. 수혜가 예상되는 지역은 광역철도망과 광역BRT 및 광역도로가 교차하게 될 지점에 입지하게 될 환승센터와 그 주변 지역이 될 것이다.

대전권 광역대중교통망 확충 방향　　자료 : 제2차 대도시권광역교통기본계획

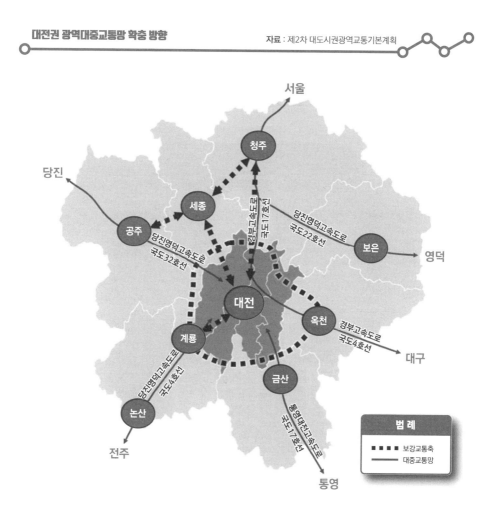

3.
인구감소 문제에서
자유로울 수 있는 곳이
유망하다

인구와 가구는 부동산시장에 가장 강력한 영향을 주게 된다. 부동산 수요의 기초 단위이기 때문이다. 그래서 인구구조나 인구변화를 중요하게 고려해야 하는 것이다. 현재 시점에서 어떤 지역이 인구감소 문제에서 상대적으로 선방하고 있는지는 전입인구에서 전출인구를 차감한 순이동를 통해서 확인할 수 있다. 다음 그림은 2021년 기준 대한민국 광역자치단체들의 순이동 인구를 보여준다.

순이동 인구

자료 : 통계청

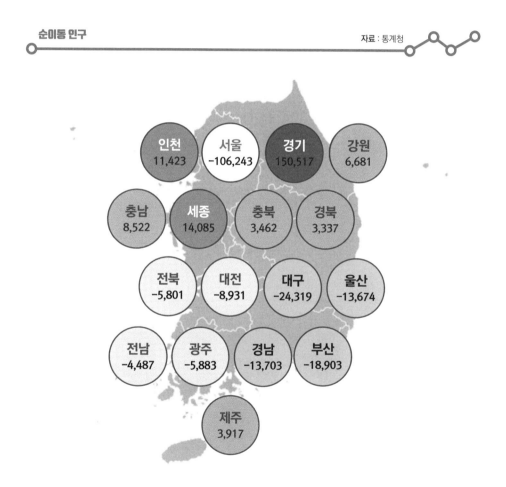

순이동 인구가 양의 수치인 지역이 전입인구가 선출입구보다 많아 인구가 증가한 곳이다. 따라서 2021년 기준 인천광역시, 경기도, 강원도, 충청남도, 세종특별자치시, 충청북도, 경상북도, 제주도가 인구증가 현상이 나타난 지역들이다. 그러나 인구감소 문제는 현재보다 미래가 더 중요하다. 이런 점에서 볼 때 대한민국에서 인구감소, 출산율 감소에서 자유로울 수 있는 곳은 단 한 곳도 없다.

2022년 4월 통계청이 발표한 〈2021년 장래인구추계를 반영한 내외국인 인구전망 2020~2040〉에 따르면 대한민국 내국인 총인구는 2020년 5,184만 명에서 2040년 5,019만 명으로 감소할 것으로 예측되었다. 수치상으로만 보면 165만 명이 감소하는 것이라서 큰 충격으로 다가오지 않을 것처럼 보일 수도 있다. 하지만 각 연령계층별 내국인 인구 전망을 보면 얘기가 달라진다. 먼저 내국인 생산연령인구 감소가 두드러질 것으로 예상된다. 2020년 3,583만 명에서 향후 10년 간 362만 명이 감소해 3,221만 명까지 감소한 후 2040년에는 2,676만 명까지 감소할 것으로 예측되었다. 내국인 고령인구 증가 현상도 가파르게 심화될 전망이다. 2020년 16.1%에서 2040년에는 35.3%까지 증가하는 것으로 나타났기 때문이다. 내국인 유소년 인구0~14세도 부정적일 전망이다. 2020년 12.4%

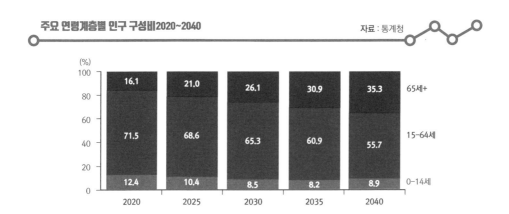

주요 연령계층별 인구 구성비 2020~2040   자료 : 통계청

에서 8.9%로 감소할 것으로 예측되었다.

수도권 시·군·구 중에서 총인구 관점에서 향후 주목해야 할 곳들을 정리하면 다음과 같다. 가장 먼저 서울특별시에서 총인구 관점에서 핫할 것으로 예상되는 곳은 5곳으로 은평구, 강서구, 서초구, 강남구, 송파구다. 강서구를 제외하면 모두 총인구가 감소하겠지만 서울시에서 상대적으로 총인구 규모가 크고 감소율도 높지 않다는 공통점이 돋보일 것으로 예상된다. 따라서 서울시에서는 특히 은평구, 강서구, 서초구, 강남구, 송파구에 주목해야 한다.

서울시에서 총인구가 핫할 5곳   자료 : 통계청

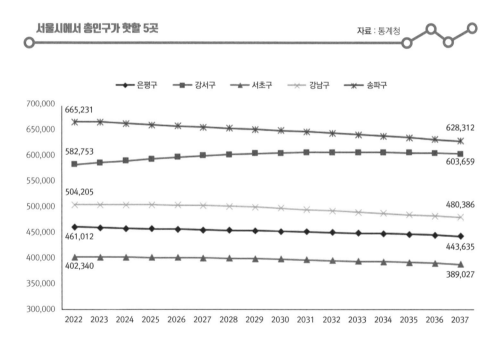

다음으로 경기도에서 총인구가 핫할 곳으로 예상되는 곳은 평택시, 고양시, 남양주시, 오산시, 하남시, 파주시, 김포시, 화성시, 광주시 등 9곳이다. 이중 인구증가율이 특히 돋

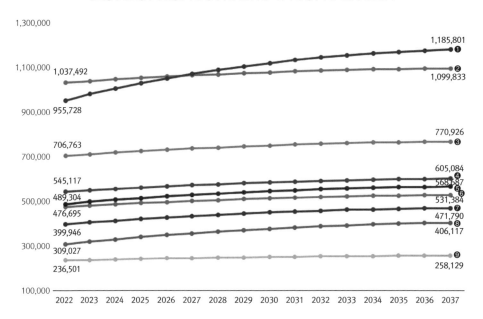

❶ 화성시 ❷ 고양시 ❸ 남양주시 ❹ 평택시 ❺ 김포시 ❻ 파주시 ❼ 광주시 ❽ 하남시 ❾ 오산시

보일 하남시, 화성시, 광주시, 김포시, 파주시, 평택시를 주목해볼 필요가 있다.

다음으로 인천광역시에서는 연수구와 남동구가 돋보일 전망이다. 2곳은 절대인구 규모도 크고 지속적으로 총인구가 증가할 것이라는 점에서 미래가치가 긍정적일 것으로 기대된다.

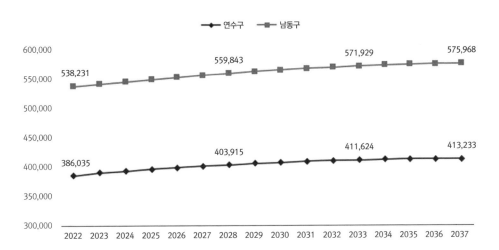

인천광역시에서 총인구가 핫할 2곳

자료 : 통계청

연수구 ━◆━ 남동구 ━■━

538,231 ... 559,843 ... 571,929 ... 575,968

386,035 ... 403,915 ... 411,624 ... 413,233

2022 2023 2024 2025 2026 2027 2028 2029 2030 2031 2032 2033 2034 2035 2036 2037

4.
학교 인프라는
학령인구로 판단하라

부산광역시 금정구 구서동, 부산광역시 해운대구 우동의 공통점은 무엇일까? 광주광역시 남구 봉선동, 대구광역시 수성구 범어동, 대전광역시 서구 둔산동의 공통점은 무엇일까? 서울특별시 강남구 대치동·역삼동·삼성동·개포동, 서울특별시 서초구 반포동, 서울특별시 양천구 목동, 경기도 성남시 분당구 정자동도 위 지역들과 함께 갖고 있는 공통점은 무엇일까? 바로 학군이 뛰어난 곳들이다.

현재 대한민국에서 집값을 판단하는 가장 강력한 변수 중 하나가 바로 학군으로 대표되는 학교 인프라다. 그런데 인구가 감소되는 상황이라면 학교 인프라도 변화가 있을 수밖에 없다. 특히 학령인구 감소는 학교 인프라에 치명적이다. 이런 이유로 향후 학교 인프라가 어떻게 변화하게 될 지를 파악하기 위해서는 학령인구 변화와 연계해 분석하는 것이 필수적이다. 지금부터 수도권의 학령인구가 어떻게 변하게 될지 분석해보겠다.

1) 서울특별시 : 학령인구가 가장 핫할 강서구, 서대문구, 마포구, 서초구, 강남구, 송파구

서울특별시 학령인구 추계를 기초로 부동산 관점에서 가장 핫할 지역은 서대문구, 마포구, 강서구, 서초구, 강남구, 송파구 등 6곳이다.

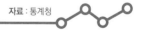

서울시에서 학령인구가 가장 핫할 6곳   자료 : 통계청

구분	서대문구	마포구	강서구	서초구	강남구	송파구
2022	37,344	43,298	70,497	63,855	82,216	91,946
2023	35,990	41,957	68,046	62,293	80,501	89,203
2024	34,913	40,552	66,106	60,904	79,173	86,448

구분	서대문구	마포구	강서구	서초구	강남구	송파구
2025	33,926	39,273	64,416	59,328	77,634	83,879
2026	32,895	37,969	62,753	57,528	75,747	81,071
2027	32,066	36,877	61,225	55,901	74,018	78,528
2028	31,344	35,868	59,918	54,333	72,172	76,181
2029	30,600	34,973	58,703	52,624	70,023	73,809
2030	29,861	33,947	57,271	50,950	67,630	71,347
2031	29,258	33,356	56,479	49,570	65,676	69,602
2032	28,872	32,962	55,919	48,368	63,902	67,979
2033	28,409	32,434	55,148	47,188	61,886	66,362
2034	27,942	32,103	54,456	46,218	60,189	64,900
2035	27,530	31,725	53,992	45,409	58,647	63,752
2036	27,184	31,530	53,634	44,985	57,670	62,840
2037	26,823	31,173	53,296	44,500	56,731	61,900
증감(명)	-10,521	-12,125	-17,201	-19,355	-25,485	-30,046
증감률(%)	-28.17	-28.00	-24.40	-30.31	-31.00	-32.68

　　강서구와 서대문구, 마포구는 서울특별시 내에서 학령인구 감소율이 상대적으로 유의미하게 낮은 수준이 될 것으로 예상되고, 서초구, 강남구, 송파구도 서울시 평균 대비 상대적으로 감소율이 낮을 것으로 분석되었다. 학령인구 감소는 교육비 지출의 감소를 의미한다. 통계청의 〈2019년 사교육비 조사결과〉에 따르면 사교육을 받고 있는 학생 초등학생에서 고등학생의 1인당 월평균 사교육비는 56만 3천 원이었다. 이 수치는 학령인구 감소가 곧 교육비 지출로 연결되고 다시 경제에도 부정적인 효과를 주게 된다는 것을 의미한다. 다만, 서울특별시의 위상과 총인구 규모를 고려할 때 충분히 흡수할 수 있는 수준이 될 것이다. 학령인구 측면에서 볼 때, 강서구, 서대문구, 마포구, 서초구, 강남구, 송파구 부동산시장의 미래가치가 밝다.

2) 경기도 : 학령인구가 가장 핫할 하남시, 화성시, 김포시

학령인구 관점에서 경기도에서 가장 핫할 지역은 하남시, 화성시, 김포시, 광주시, 평택시 등 5곳이다. 다음은 통계청의 학령인구 추계 결과다.

경기도에서 학령인구가 가장 핫할 5곳

구분	하남시	화성시	김포시	광주시	평택시
2022	47,269	171,680	82,247	56,979	84,843
2023	49,125	175,894	83,521	56,550	83,749
2024	50,755	179,431	84,561	56,070	82,900
2025	52,024	182,269	85,054	55,714	82,031
2026	52,760	184,217	85,027	55,114	81,138
2027	53,340	185,547	84,758	54,545	80,150
2028	53,657	186,117	84,194	53,919	79,156
2029	53,736	186,162	83,403	53,187	77,908
2030	53,534	185,468	82,282	52,334	76,539
2031	53,534	185,288	81,374	51,812	75,525
2032	53,472	185,434	80,689	51,448	74,722
2033	53,169	184,761	79,589	50,693	73,520
2034	52,893	184,398	78,541	50,158	72,607
2035	52,574	184,014	77,740	49,695	71,752
2036	52,423	184,203	77,257	49,347	71,201
2037	52,099	183,860	76,492	48,902	70,464
증감(명)	4,830	12,180	-5,755	-8,077	-14,379
증감률(%)	10.22	7.09	-7.00	-14.18	-16.95

하남시와 화성시는 학령인구가 감소하기는커녕 오히려 증가하는 것으로 나타났고 김포시와 광주시, 평택시는 경기도 내 여타 시·군 대비 학령인구 감소율이 낮을 것으로 예측되었다. 학령인구가 갖는 의미를 단순히 인구에서만 찾는 데 그치지 않고 소비라는 경제효과까지 그 범위를 넓혀본다면, 하남시, 화성시, 김포시, 광주시, 평택시가 경기도에서 가장 핫할 지역이다. 하남시, 화성시, 김포시, 광주시, 평택시의 부동산시장이 가장 핫할 지역이 될 이유인 것이다.

3) 인천광역시 : 학령인구가 가장 핫할 연수구와 남동구

연수구와 남동구는 인천광역시에서 학령인구 측면에서 가장 핫할 곳이다. 부동산시장 전체로 범위를 넓혀보아도 연수구는 송도신도시를 끼고 있는 인천을 대표하는 대장지역이고, 남동구는 광역교통망인 GTX-B 노선의 수혜 지역이라는 특징이 있다. 이런 점에서 볼 때, 연수구와 남동구는 현재도 그렇고 미래에도 인천광역시를 대표하는 곳이 될 것이다.

2022년 대비 2037년 연수구와 남동구의 학령인구 감소율은 각각 12.68%, 25.54%가 될 것으로 분석되었다. 같은 기간 인천광역시 전체 학령인구 감소율27.26%과 비교했을 때 유의미하게 낮은 수준이라고 볼 수 있는 데다, 연간 교육소비감소액 또한 약 426억 원 수준으로 부동산시장에 큰 후폭풍을 불러올 수준은 결코 아닐 것이다. 이처럼 학령인구 관점에서 연수구와 남동구는 2037년에도 여전히 인천시를 대표하는 핫할 지역으로 남아 있을 전망이다.

인천광역시에서 학령인구가 가장 핫할 2곳

구분	연수구	남동구
2022	68,042	78,845
2023	68,154	76,570
2024	68,150	74,691
2025	68,073	73,203
2026	67,488	71,487
2027	66,930	70,134
2028	66,163	68,566
2029	65,202	67,093
2030	63,867	65,350
2031	62,908	64,055
2032	62,034	63,051
2033	60,929	61,781
2034	59,849	60,821
2035	58,838	59,902
2036	58,144	59,387
2037	57,289	58,705
증감명	-10,753	-20,140
증감률%	-15.80	-25.54

5.
부동산 정책과
언론의 흐름을
예의 주시하라

정책과 언론의 흐름을 살피는 것은 부동산 재테크에 성공하기 위한 필수 요소다. 물론 정책과 언론 외에도 정보, 인적 네트워크, 투자자본, 발품팔기 등등 성공을 위한 필수 요소는 많다. 그러나 정책과 언론은 부동산 재테크의 성공을 가늠하는 거시적 측면에서의 필수 요소라는 점에서 다른 요소들보다 중요하다.

1) 정책과 언론은 투자의 계절을 결정한다

부동산 관련 정책과 언론은 계절로도 표현할 수 있다. 때로는 부동산시장을 대하는 정책과 언론의 시선이 봄바람처럼 따뜻하기도 하고 여름처럼 뜨거워지기도 했다가 가을처럼 너그럽고 관대해진 후 겨울처럼 냉혹하게 돌변하기도 하니까. 부동산 수요자 입장에서 부동산시장을 봄처럼 따뜻한 계절로 만들어주는 것은 크게 정보, 인적 네트워크, 투자자본, 발품팔기 등 미시적 요소다.

미국이나 여타 국가들을 보면 부동산가격에 가장 큰 영향을 미치는 요인은 시장법칙 다시 말해 수요와 공급이다. 시장참가자 모두 그런 공감대가 형성되어 있다. 따라서 정부가 부동산시장에 직접적으로 개입하거나 규제하는 경우는 극히 드물다.

우리나라는 어떤가? 아마도 "우리나라 부동산시장에 가장 큰 영향을 주는 요인이 무엇일까?"라는 설문조사를 실시한다면 "정부의 정책"이라고 응답하는 숫자가 압도적으로 많을 것이다. 사실 우리나라는 정책이 부동산 가격을 결정하는 가장 중요한 요인이라는 것에 국민적 공감대가 형성되어 있다. 때문에 정책의 방향에 따라 부동산가격의 흐름도 큰 폭으로 출렁이곤 한다.

그런데 한 가지 재미있는 점이 있다. 역대 정부의 부동산정책과 정책 시행에 따른 부동산시장의 흐름을 살펴보면 공통적인 특징을 발견할 수 있다는 점이다. 부동산 전문가

들은 부동산 재테크에 성공하려면 이와 같은 공통적인 특성을 더 자주 그리고 더 많이 활용할 것을 주문하곤 한다. 그 이유는 부동산 정책이 부동산시장의 투자환경을 조성하기 때문이다. 다음의 공식은 바로 이러한 공통적인 특징들이 시장에 영향을 주는 과정을 보여주는 것이다.

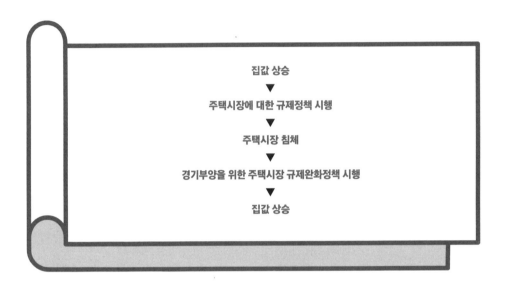

2) 언론은 정책 변화에 매우 탄력적으로 반응한다

언론은 부동산 재테크와 매우 밀접하게 연결되어 있다. 대부분의 사람들이 언론에서 부동산 투자 전망이 밝다고 보도하기 시작하면 부동산시장으로 눈을 돌리곤 한다. 그러다 특정 지역의 부동산 가격이 크게 오르고 있다는 보도가 나오기 시작하면 앞 다투어 매수행렬에 동참하게 된다.

그러나 지나친 과열현상으로 부동산 가격이 불안해지면 언론은 앞다퉈 부동산 가격을 안정시켜야 한다는 신호를 정부와 국민에게 보내기 시작한다. 정부는 이러한 보도가 국민적 공감대를 얻고 부동산 가격 변동이 경제운용에 부담이 된다는 판단이 들면 강력한 부동산 가격 안정대책을 발표하게 된다. 이러한 과정에서 소신 없이 이른바 친구따라 강남가듯 묻지 마 투자를 한 개인들은 큰 낭패를 겪게 된다. 그래서 부동산 정책과 언론을 활용해 부동산 재테크, 그중에서도 소액으로 부동산 재테크에 성공하기 위해 반드시 기억해 두어야 할 7가지 성공공식이 있다.

첫째, 최적의 구입시점은 부동산 정책의 시행으로 시장이 침체된 시기다. 새로운 부동산 정책의 시행이 예상되면 저점 매수기회를 살펴봐야 한다.

둘째, 부동산 정책이 규제에서 완화로 방향을 전환하면 조만간 부동산시장은 상승국면으로 전환된다. 따라서 매도시점을 미리 포착하는 것이 중요하다.

셋째, 정책의 효과가 지속되는 기간은 ▲ 시행되는 정책 자체의 강도 ▲ 직전 정책의 강도 ▲ 시행될 정책의 사전 예측가능성에 의해 결정된다. 따라서 정책 발표 직후 이 세 가지를 비교해야 한다. 새로운 부동산 정책 하에서의 투자환경이 따뜻한 봄이냐 한겨울이냐는 전적으로 이 세 가지에 달려 있다.

넷째, 정책의 주요 목표로 규제되는 지역은 장기적으로 가장 유망한 지역이다. 따라서 장기적인 관점에서 적극적으로 매수하는 것이 좋은 결과를 가져올 수 있다.

다섯째, 언론에서 "부동산시장이 침체의 골이 깊어졌다", "미분양 물량이 쌓여 간다"라는 보도가 나오기 시작하면 매수시점을 찾아야 한다.

여섯째, 수도권 신도시를 중심으로 가격상승세가 두드러진다는 보도가 나오기 시작하면 서서히 매도시점을 살펴봐야 한다. 이어 '과열', '묻지 마'라는 표현이 등장하면 최적의 매도시점으로 볼 수 있다. 이때 매도 성숙단계를 놓치면 정책이 규제에서 완화로 바뀔 때까지 기다려야 하므로 신속하게 결정하는 것이 좋다.

일곱째, 부동산 정책과 언론은 함께 움직이는 특성이 있는데 대개 언론은 정책보다 앞서 나간다. 이러한 언론과 정책의 시차를 잘 활용해 재테크에 성공한 사례는 많다. 따라서 언론보도와 부동산 정책의 시차를 투자에 활용하는 것을 적극 고려해야 한다.

6.
실수요를 기초로
투자까지 겸비하는
자세가 필요하다

역대 모든 정권에서 부동산 관련 대책이 없었던 적이 있을까? 없다. 또한 정부가 발표하는 부동산 대책에는 항상 주택시장뿐 아니라 전체 부동산시장을 크게 뒤흔들 만한 내용이 담겨 있었다. 그렇다 보니 정부의 대책 발표 이후에는 한동안 부동산시장 전망에 대한 의견이 분분해질 수밖에 없고, 국민들의 관심 또한 그 어느 때보다 뜨거워지게 된다.

1) 실수요를 위한 내 집 마련이 먼저다

재테크는 우리 모두의 공통 관심사다. 안정적인 직장이 없고 고용이 불안정한 지금 지극히 자연스러운 현상이라고 할 수 있다. 어떤 사람은 현재를 '재테크 전성시대'라고 말하기도 한다. 서점에는 제목에 '부자' '재테크'라는 단어가 들어간 서적들로 가득 차 있다. 지금 아니면 재테크를 못할 것 같은 기분이 들 정도다. 인터넷, 모바일에도 수없이 많은 재테크 블로그, 카페, 콘텐츠들이 넘쳐난다. 소수만 정보를 독점하던 시대는 이제 먼 과거의 일이 되었다. 스마트폰으로 혹은 PC로 잠깐 검색만 해도 웬만한 고급정보를 어렵지 않게 얻을 수 있다. 이런 정보를 체계적으로 활용할 수만 있다면 대박까지는 아니더라도 어느 정도의 수익창출을 충분히 가능하다.

그런데 참 이상하다. 이렇게 정보가 넘쳐나는 세상에서 의외로 사람들은 재테크에 성공하지 못하고 있다. 그래서일까? 조급한 마음으로 오늘도 '특급정보', '비결', '비법'을 찾아 방황하고 있다. 안타깝지만 이런 사람들에게서는 몇 가지 공통점을 찾아 볼 수 있다.

첫째, 이미 재테크에 관련된 정보를 충분히 습득하여 자신 있게 실행에 옮길 만한 수준임에도 불구하고, 이제 막 재테크 공부를 시작하는 사람처럼 "재테크에 성공하려면 무엇을 제일 먼저 해야 합니까?"라는 질문을 한다.

둘째, 그들 중 상당수가 아직 내 집을 마련하지 못했다. 아이러니하면서도 안타까운 일이 아닐 수 없다. 부자가 되기 위해 재테크 전략을 부지런히 공부하고 있지만, 정작 부자가 알려주는 가장 기본적인 가르침은 경시하고 있다. '내 집 마련이 재테크의 시작'이라는 공식을 말이다.

셋째, 재테크 성공 확률을 높이기 위해서는 환경이 안정적이어야 한다. 불안정한 상황은 조급함을 불러오고 조급함은 판단착오와 같은 실수를 유발하게 된다. 그렇기 때문에 내 집 마련으로 주거 안정을 이룬 후 여유 있는 마음으로 재테크를 도모하는 것이 필요하다.

2) 내 집 마련이냐 단순 투자냐에 따라 고려 요인이 달라진다

내 집 마련이 첫 번째 재테크 목표라면 '입지 선택'에 무게중심을 두고 집을 찾는 것이 필요하다. 학교나 학원 등의 교육환경, 대중교통시설, 병원이나 스포츠시설 같은 생활편의시설, 공원이나 자연환경과 같은 웰빙 환경이 잘 갖춰진 지역에 있는 주택을 매입하는 것이 중요하다. 만일 지금 당장 그런 환경이 갖춰지지 않은 곳이라면 가까운 미래에 그런 곳으로 발돋움할 수 있을 가능성이 있는 지역이라면 훌륭한 선택이 될 수 있다. 이런 곳에 내 집을 마련하면 쾌적하고 편리한 삶을 살면서 동시에 미래의 시세차익까지 노릴 수 있다.

내가 실제로 거주하기 위해 구입하는 주택을 매입할 때는 구입시점과 관련된 고민만큼은 잠시 내려놓아도 된다. '지금 사도 괜찮을까, 혹시 상투를 잡는 것은 아닐까' '내가 산 뒤 집값이 떨어지면 어쩌지'와 같은 구입 시점에 대한 고민이 대표적이다. 주택시장은 생물처럼 변동한다. 단기적으로는 크게 오르기도 하고 떨어지기도 한다. 이런 변동성이 나타날 경우 실거주용으로 주택을 구입한 사람들은 가격하락에 크게 휘둘리지 않고 오랜 기간 버텨낼 수 있고 그 결과 주택가격 상승에 따른 자본이득을 취하게 된다. 내 집 마련을 하고 나서 투자목적으로 주택구입을 계획하고 있는 경우라면 시점을 잘 선택하는 것이 정말 중요하다. 순수 투자인 경우 매수나 매도 타이밍에 따라 투자성패가 갈라질 뿐만 아니라 똑같이 성공하더라도 수익률이 크게 달라지기 때문이다.

요약하자면, 목적이 무엇이냐에 따라 주택을 구입할 때 가장 우선적으로 고려해야 하는 요인이 달라져야 한다. 투자가 목적일 때는 '구입 시점'을 가장 중요하게 고려할 필요가 있다. 이에 비해 내 집 마련이 목적이라면 '입지 선택'을 가장 중요하게 고려해야 한다. 내 집 마련이 목적인데 언제 구입하느냐에 지나치게 매달리면 내 집 마련은 풀기 어려운 수학문제처럼 당혹스러운 과제가 될 것이다. 그래서 구입목적에 따라 고려 요인을 지혜롭게 분별하는 것이 중요하다.

7.
돈 되는 아파트를
선택할 수 있는
안목을 키워라

모든 아파트가 돈 되는 시대는 끝났다. 우량지역과 비우량지역 간 가격격차는 그 어느 때보다 크게 벌어져 있다. 최근 몇 년 부동산시장이 과열됨에 따라 부동산 가격이 급등하면서 이 같은 격차는 더욱 심화되었다. 집값 불안현상이 나타나자 문재인 정부는 보유세 증세, 양도소득세 강화, 대출규제 강화 등 수요억제를 중심으로 하는 강력한 부동산 정책을 시행한 바 있다. 그러나 정부의 규제대책이 나온 이후로도 부동산 가격은 지속적으로 상승하는 모습을 보였다. 부동산 가격은 항상 변동한다. 따라서 새 정부 출범 후 부동산시장이 침체기에 빠질 수도 있다. 그렇게 된다면 아마도 다양한 부동산 부양책을 발표하게 될 것이다. 부동산시장에 따라 부양과 규제라는 차이만 있었을 뿐 역대 정부 모두 위와 같은 과정을 반복했다. 그로 인해 부동산 가격은 급등과 하락을 반복해왔다는 것도 사실이다.

그렇게 부동산 가격이 급등과 하락 내지는 조정을 반복했지만 그럼에도 불구하고 집 값이 지속적으로 상승하는 현실로 인해 월급쟁이들이 월급을 한 푼도 쓰지 않고 수년 혹은 수십 년을 모아야 서울에서 아파트 한 채를 살 수 있는 지경에 이르렀다. 그리하여 이제 몇 번에 걸친 시행착오 과정을 거치면서 내 집 마련 내지는 재테크를 하던 시대는 끝났고, 최소한의 시행착오만이 내 집 마련과 재테크의 성공을 보장하는 시대가 되었다. 그렇다면 어떤 아파트를 구입해야 시행착오로 인한 경제적 타격을 최소화하면서 자본이득을 취할 수 있을까?

1) 돈 되는 아파트는 7가지 조건을 갖추고 있다

돈 되는 아파트란 다시 말해 미래가치가 있는 아파트를 말한다. 누구나 미래가치가 있는 아파트를 구입하기 원한다. 하지만 가치 있는 아파트를 구입하기 위해서는 어떤 아파트가 진정으로 가치가 있는지를 알아야 한다. 그런 점에서 가치 있는 아파트가 갖고 있는 7가지 조건을 알아야 한다.

첫째, 가치 있는 아파트는 좋은 학교 인프라를 자랑한다. 따라서 좋은 학교 인프라가 형성되어 있는 아파트를 선택해야 한다. 대한민국에서는 '좋은 학교 인프라 = 좋은 아파트'라는 공식이 성립한다. 비싼 아파트가 되기 위해 가장 중요한 조건 중 하나라는 뜻이다. 실제로 아파트 가격이 비싸기로 정평이 나있는 지역들은 한결같이 뛰어난 학교 인프라를 자랑하고 있다. 비록 지금 당장은 특별한 것이 없다고 해도 일단 학교 인프라가 갖춰지기 시작하면 교통시설, 쇼핑·문화시설 등이 뒤따라 자리 잡게 된다. 따라서 학교 인프라는 좋은 아파트가 될 수 있는지를 결정하는 가장 강력한 변수다.

둘째, 대중교통시설, 특히 지하철·광역철도 역세권에 입지하는 아파트는 부동산시장에서 가격하락현상이 발생하더라도 크게 흔들리지 않는다. 반대로 가격상승 현상이 발생하는 경우에는 더 탄력적으로 상승한다. 따라서 좋은 교통망을 갖추고 있는 아파트를 선택하는 것이 좋다. 중소 평형의 경우 출퇴근의 편리함이 주택가격 형성에 적지 않은 비중을 차지하고 있다. "대부분의 가정이 이미 자가용을 보유하고 있는 상황에서 대중교통의 중요성이 뭐 그리 큰 문제냐"고 반문할 수도 있겠지만, 가정 전체를 볼 때 자가용을 이용하는 가족보다 대중교통을 이용하는 가족이 더 많은 것이 현실이다. 자녀들의 학교·학원 통학, 가정주부의 쇼핑, 맞벌이 부부 중 자차가 아닌 대중교통으로 출퇴근하는 경우 등을 생각해보자. 대중교통이 잘 갖추어져 있지 않다면 얼마나 불편할까?

그렇기 때문에 대중교통이 편리한 곳의 아파트 가격이 그렇지 않은 곳에 비해 높게 형성되는 것이 일반적이다. 따라서 향후 GTX나 KTX와 같은 광역철도망이나 지하철 신규 역세권으로 거듭나게 될 지역을 미리 선점하면 더할 나위 없이 좋은 선택이 될 것이다. 환승역이 될 지역이라면 더욱 좋다. 역세권 아파트에 투자해서 실패한 경우는 극히 예외적인 경우가 아닌 이상 없다고 봐도 좋다.

셋째, 환경에 대한 고민이 그 어느 때보다 높은 요즘이다. 코로나19로 오랜 기간 고통을 받아왔기에 더욱 그런 측면이 있다. 갈수록 웰빙 주거환경을 갖춘 아파트에 대한 수요는 증가할 것으로 예상된다. 건강한 주거환경이 필수가 되었기 때문이다. 아파트의 경우 평형과 관계없이 단지 내 조경, 공원, 조망권, 일조권 등을 중요시하고 있으며, 그 중요성도 나날이 커지고 있다. 따라서 같은 조건이라면 친환경적인 주거 환경을 갖춘 곳이 그렇지 못한 곳보다 가격상승 여력이 훨씬 클 수밖에 없다. 이런 곳에 내 집을 마련한다면 쾌적한 주거환경은 물론 시세차익까지 덤으로 얻을 수 있다. 그야말로 일석이조가 아니겠는가.

넷째, 쓱세권 이마트, 노브랜드, 신세계 등의 SSG배송 지역이나 쿠세권 쿠팡 배송지역, 컬세권 마켓컬리의 새벽배송 가능 지역, 몰세권 백화점, 마트, 쇼핑센터의 편리한 이용 가능지역인지를 따져봐야 한다. 쓱세권은 이나 쿠세권, 몰세권은 공통적으로 현대 생활의 필수인 쇼핑의 편리성을 보장해주는 것이다. 단순히 귀찮고 번거로운 쇼핑을 대신해주는 것을 넘어 남는 시간을 보다 풍요롭게 즐길 수 있도록 해주는 개념으로 발전하고 있는 개념들인 것이다. 그래서 쓱세권, 쿠세권, 컬세권, 몰세권이라는 관점에서 구입하고자 하는 아파트가 그런 서비스를 이용할 수 있는 지역인지가 구입여부를 결정하는 데 반드시 고려해야 할 변수다. 따라서 아파트 구입을 결정하기 전에 반드시 쓱세권, 쿠세권, 컬세권, 몰세권에 해당되는지 혹은 향후 포함될 가능성이 높은지 등을 따져 보는 것이 중요하다.

다섯째, 아파트 브랜드를 중요하게 고려해야 한다. 동일 단지 내에 있는 브랜드만 다른 아파트라 할지라도 브랜드에 따라 수천만 원에서 수억 원까지 가격차이가 발생하는 경우도 어렵지 않게 찾아볼 수 있다. 그렇기 때문에 다른 조건이 크게 차이가 없다면 좀 더 가격을 치루더라도 좋은 브랜드를 선택하는 것이 훗날 더 높은 투가가치를 보장해준다는 점을 기억하라.

여섯째, 수요와 공급물량을 계산해야 한다. 주택수요가 있는데 공급 물량이 적은 지역과 수요는 적은데 공급 물량은 많은 지역이 있을 경우 과연 어떤 아파트를 매입하는 것이 경제적으로 이득이 클까? 이런 이유로 적어도 최근 수년 간의 주택 공급물량이나 향후 예상되는 주택공급 물량까지 꼼꼼히 분석해본 후 구입하는 것이 필요하다.

일곱째, 인구가 증가할 것으로 예상되는 지역을 주목해야 한다. 인구증가는 주택의 수요주체가 늘어난다는 것을 의미한다. 주택시장에서 바람직한 가격상승은 점진적인 수요증가로 인해 서서히 주택가격이 상승하는 것이다. 투기가 아닌 실수요 때문에 발생하는 가격상승이기 때문이다. 이런 점에서 볼 때 하남, 평택, 세종시, 천안은 현재도 좋지만 앞으로도 꽤나 경쟁력 있는 곳이 될 것이다. 광역지방자치단체를 기준으로 본다면, 인구가 크게 증가하고 있는 경기도가 단연 눈에 띈다. 그러니 향후 경기도를 집중해서 잘 살펴보는 것도 좋은 선택이 될 수 있다.

8.
고수익을 기대할 수 있는 상가를 선택하는 지혜가 필요하다

예금에서 연 3%만 되어도 고금리라는 소리를 듣는 시대이다. 이제 본격적인 금리상승기에 접어들었으니 조금은 더 상승하겠지만 연 7~8%라는 고금리는 아직 우리와는 관계없는 먼 나라 이야기인 것이 사실이다. 이처럼 고수익 금융소득이 사라진 이후 투자자들은 꾸준한 자본이득과 임대수익이라는 두 마리 토끼를 잡을 목적으로, 혹은 은퇴후 안정적인 수입원을 확보할 목적으로 수익성 부동산을 찾고 있다. 그러나 수익성 부동산 역시 여타의 부동산과 마찬가지로 우량한 것과 그렇지 않은 것으로 양극화되고 있다. 앞으로 이런 현상은 더욱 심화될 것이다. 이런 이유로 경쟁력 있는 수익성 부동산을 구입하기 위해서는 평소 발품을 많이 팔고 훌륭한 수익성 부동산이 갖춰야 할 조건들을 충분히 공부해두는 것이 필요하다.

1) 임대수익과 함께 시세차익도 취하라

상가는 어떤 곳일까? 다양한 정의를 내릴 수 있을 것이다. 그러나 본질적인 측면에서 볼 때, 상가란 사람들이 모여 물건과 서비스를 사고 파는 곳이라고 정의할 수 있다. 투자자 입장에서 상가를 구입하는 목적은 1차적으로 안정적인 임대수익을 확보하는 것에 있고, 2차적으로 상가건물 가격상승에 따른 시세차익의 확보에 있다. 지금 당장은 임대수익이 높아 상가건물 가격이 높게 형성되어 있다 할지라도 향후 상권이 쇠퇴해 임대수익이 떨어질 가능성이 있는 곳이라면 믿고 걸러야 한다. 임대수익은 상가건물 가격에 직접적으로 영향을 주기 때문이다. 그러나 그 반대의 경우라면 적극 구입을 고려해야 할 것이다. 임대수익 상승에 따라 건물가격도 함께 상승할 것이기 때문이다. 그렇기 때문에 어떤 상가건물을 구입할 것인지를 고려할 때 반드시 임대수익 확보와 더불어 건물가격 상승에 따른 시세차익의 확보가 가능한지를 함께 고려하는 것이 필요하다.

2) 돈 되는 상가는 5가지를 갖춰야 한다.

임대수익과 시세차익 확보라는 두 가지 목적을 동시에 달성하기 위해서는 다음의 5가지 조건을 두루 갖춘 상가를 선택하는 것이 좋다.

첫째, 사람들의 시선이 주목되는 곳이어야 한다.

노출빈도가 높고 쉽게 노출되는 곳에 있는 상가 일수록 입점해 있는 점포의 노출이 쉬워지기 때문에 인지도가 제고되기 쉽다. 이럴 경우 당연히 입점해 있는 상가점포의 매출로 연결되기 마련이다. 임차인은 장사가 잘돼 좋고 건물주는 월세가 밀리지 않고 잘 들어오는 데다 상가건물의 시세까지 올라가니, 그야말로 꿩 먹고 알 먹는 일석이조의 돈버는 상가가 되는 것이다.

둘째, 접근이 편리해야 한다.

사람들의 주목을 받을 수는 있지만 의외로 접근하기가 어려운 상가건물들이 있다. 주목을 받을 수 있다는 것을 가리켜 가시성이 좋다고 한다. 가시성이 제 아무리 좋아도 접근하기 불편하다면 몇 번은 모를까 사람들이 지속적으로 찾기는 결코 쉽지 않다. 가령 접근로 없는 고속도로 옆에 상가를 조성한다고 생각해보자. 혹은 건물은 대로변에 있는데 출입구는 이면도록 뒤쪽에 있는 경우는 어떨까? 독특하고 재미있는 아이디어가 돋보이는 상가건물인데 교통접근성이 나쁜 곳은 어떨까? 좋은 상가건물이라고 볼 수 있을까 아마도 그렇지 않을 것이다. 아무리 눈에 잘 띄고, 특색 있는 상가건물일지라도 접근하기가 쉽지 않다면 좋은 상가건물이라고 보기 어렵다는 것을 꼭 명심해야 한다.

셋째, 소비자들이 생활에서 자주 필요로 하는 물건을 취급하는 점포가 있는 곳이 좋다.

이런 곳은 가게 매출이 꾸준해 세입자들의 임대료 부담이 크지 않은 경우가 많다. 임대인 입장에서는 임대료를 받는 것이 쉬워진다. 장사가 잘되는 상가의 소유자는 임차인들에게 당당하게 임대료를 받을 수 있지만 장사가 잘 안 되는 상가의 소유자는 임대료를 받을 때조차 임차인의 눈치를 보는 신세가 된다는 점을 명심해야 한다.

넷째, 주변 지역 유사상가의 권리금이 높은 상가건물이 투자하기 좋다.

권리금이 높게 형성된 가게일수록 장사가 잘되는 곳일 가능성이 매우 높다. 이런 상가라면 보통 임대료 결정에 있어 상대적으로 건물주의 영향력이 막강하고, 임대를 얻고 싶어 하는 사람들도 많아 공실률이 매우 낮은 경우가 대부분이다. 그만큼 임대문제로 골머리를 앓는 일도 드물고 매각할 경우 큰 시세차익을 기대할 수 있다는 것을 뜻한다.

다섯째, 현재 혹은 미래에 경쟁 대상이 될 수 있는 상가의 입지 가능성이 낮은 곳이 좋다.

현재뿐만 아니라 미래에 경쟁 상대가 될 수 있는 상가의 존재 가능성이 있는지를 꼼꼼하게 분석해야 한다. 인근 지역에 해당 상가와 경쟁이 될 만한 상가가 있는지, 더 나아가 새로 경쟁상대가 될 수 있는 상가들이 건축될 가능성이 있는지는 매우 중요하다. 경쟁상가의 유동인구 흡입력이 구입하고자 하는 상가의 미래 임대수익과 시세차익에 직접적인 영향을 끼칠 수 있기 때문이다.

3) 상가를 구입에 앞서 유용한 분석도구가 되어 줄 자본환원율

부동산 투자에서 부동산의 수익성, 즉 가치가 얼마나 되느냐를 파악할 때 사용하는 기준 중 하나로 자본환원율이라는 것이 있다. 자본환원율은 해당 부동산의 순수익 연간 임대소득에서 유지에 들어가는 부대비용을 모두 제한 금액을 부동산가격으로 나눈 비율을 말한다. 이를 거꾸로 계산하면, '순수익÷자본환원율=부동산가격'이 되는 것이다.

예를 들면, 시세 5억 원인 A부동산의 연간 임대료 순수익이 2,000만 원이면 A부동산의 자본환원율은 4%가 된다 계산을 위한 가정이니 수치에 너무 연연하지 않길 바란다. 같은 이유로 시세가 5억 원인 B부동산의 경우 연간 임대료 순수익이 3,000만 원이라면 자본환원율은

6%가 됩니다. 입지, 토지와 건물의 규모, 임차인 구성 등의 조건이 모두 동일하다면 투자자는 자본환원율이 더 높은 B부동산을 선택하는 것이 바람직하나.

그러나 만일 A와 B 두 부동산의 세입자 구성이 다르다면 선택이 달라질 수 있다. 예를 들어 A부동산은 세 명의 임차인이 있고 B부동산은 단 1명의 임차인이 있다면, 수익률이 높다고 무턱대고 B부동산을 구입했다가는 낭패를 볼 여지가 있기 때문이다. 불경기로 인해 임차인이 임대료를 내지 못하거나, 임차인이 나간 뒤 새로운 임차인을 구하지 못해 한동안 공실이 발생하는 경우도 충분히 있을 수 있다. 이 경우 B부동산이 임대수익과 시세차익 측면에서 불리하기 때문이다. 따라서 수익성 부동산을 고를 때 자본환원율이 높으면 리스크가 클 수도 있음을 반드시 함께 고려해야 한다.

투자자들이 수익성 부동산 투자에서 실패하는 가장 큰 이유는 과도할 정도로 당장의 임대수익에 집착하기 때문이다. 보통 투자자들은 임대수익은 높은데 가격은 저렴한, 이른바 '저평가된 수익성 부동산'을 찾으려고 많은 노력과 시간을 소비하곤 한다. 그러나 임대수익이 높으면서 가격까지 저렴한 수익성 부동산은 그 어디에도 없다. 단지 미래가치에 비해 현재가치가 저평가된 수익성 부동산만 있을 뿐이다. 좋은 상가건물을 구입하고 싶은가? 그렇다면 향후 발전가능성이 풍부한 지역을 관심 있게 지켜보라. 또한 자주 관심이 있는 지역을 방문해 발전 속도를 꾸준히 점검해보라. 현재보다 미래가치가 더욱 뛰어난 훌륭한 상가를 구입할 수 있는 길이 보일 것이다.

Chapter
6

MZ 세대의
내 집 마련
전략

1. 낡은 집을 사서 아파트로 갈아타라
2. 경매·급매를 적극 활용하라
3. 신규 분양을 포기하지 마라
4. 역세권 첫 집을 주목하라
5. 장기호재 요인이 있는 지역 주변의 구축 아파트를 노려라

1.
낡은 집을 사서
아파트로 갈아타라

낡은 주택이 증가하고 있다. 그것도 아주 많이. 그래서 낡은 주택을 새 아파트로 바꾸기 위한 다양한 정책적 노력이 경주되고 있는데, 그 중 대표적인 것이 바로 소규모주택 정비사업이다. 소규모주택 정비사업을 주목해야 하는 이유는 여러 가지가 있다. 하지만 그 중 가장 대표적인 것을 들자면 노후·불량 건축물의 증가와 인구감소에도 불구하고 도심 주요 지역에 대한 주택수요는 오히려 증가할 것이라는 데 있다.

1) 서울 : 낡은 집을 사서 아파트로 갈아타기 좋은 곳이다

서울특별시는 낡은 집을 사서 아파트로 갈아타기 딱 좋은 곳이라고 할 수 있다. 그만큼 낡은 주택, 다시 말해 노후·불량 주택이 많다는 뜻이다. 2020년 기준 서울특별시의 총주택동수는 44만 3,800동인데. 이중 가장 비중이 큰 주택 유형은 단독주택으로 19만 5,692동이다. 뒤를 이어 다가구가 11만 4,288동, 다세대는 9만 1,505동, 아파트 2만 4,439동, 연립 9,014동의 순서였다. 다음 그래프에서 2020년 기준 서울시 주택종류별 동수를 확인할 수 있다.

2020년 기준 서울특별시 주택종류별 동수현황 자료 : 건축물 생애이력 관리시스템www.blcm.go.kr

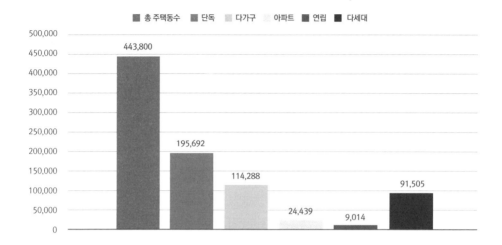

이어서 다음은 2020년 기준 서울시의 주택종류별 노후도 현황이다.

2020년 기준 서울특별시 주택종류별 노후도 현황

구분	25년이상	20년~25년미만	15년~20년미만	10년~15년미만	10년미만
총주택동	289,616	29,620	37,535	18,537	45,740
단독주택동	165,514	3,324	1,809	920	1,882
다가구주택동	84,451	13,051	7,176	2,706	6,708
아파트동	6,612	4,000	6,425	3,438	3,900
연립주택동	6,691	1,346	447	190	274
다세대주택동	25,905	7,817	21,343	9,567	26,703

표를 보면 25년 이상 주택이 총 28만 9,616동인 것을 알 수 있다. 20년 이상 25년 미만인 주택동수와 15년 이상 20년 미만 주택 동수도 각각 2만 9,620동, 3만 7,535동이다. 그중 다가구주택과 아파트, 다세대주택의 비중이 높다. 동수로 표기되었기 때문에 세대수로 계산하면 그 규모가 보다 더 크다는 것을 알 수 있다. 노후주택이 증가하고 그중 아파트가 아닌 단독주택이나 다가구주택, 연립주택, 다세대주택의 비중이 높다는 점은 그만큼 대규모 재개발·재건축이 아닌 소규모 정비사업이 필요한 지역이 증가한다는 것을 의미한다. 소규모주택 정비사업의 중요성이 갈수록 커질 것이라는 뜻이다. 새 정부는 소규모주택 정비사업을 추진해나가겠다는 약속을 했으며, 이는 곧 낡은 주택을 아파트로 갈아타는 가장 확실한 방법이 될 것이다.

2) 경기도 : 낡은 집을 사서 아파트로 갈아타기 좋은 또 다른 곳

2020년 기준 경기도의 주택동수는 65만 829동이며 주택 종류별 비중은 단독주택 → 다가구주택 → 다세대주택 → 아파트 → 연립주택의 순서다. 서울시와 비교했을 때 숫자만 다를 뿐, 경기도 전체 노후주택에서 각각의 주택 종류별로 차지하는 비중의 크기는 서울시와 동일하다.

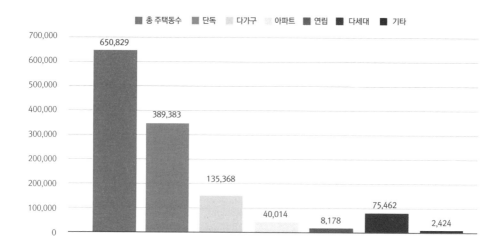

　다음의 표는 경기도의 주택종류별 노후도 현황을 정리한 것이다. 경기도 주택종류별 노후도 현황 자료에 따르면, 준공된 지 25년 이상인 주택 26만 9,171동이고, 20년 이상 25년 미만인 주택은 6만 2,063동, 15년 이상 20년 미만인 주택은 5만 9,483동이다. 한편, 10년 이상 15년 미만인 주택은 5만 6,265동이다.

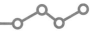

2020년 기준 경기도 주택종류별 노후도 현황

구분	25년이상	20년~25년미만	15년~20년미만	10년~15년미만	10년미만
총주택동	269,171	62,063	59,483	56,265	136,235
단독주택동	172,832	34,136	25,202	27,549	63,208
다가구주택동	58,509	13,494	16,185	14,950	31,707
아파트동	8,904	6,163	7,559	7,002	10,265

구분	25년이상	20년~25년미만	15년~20년미만	10년~15년미만	10년미만
연립동	4,502	1,046	429	560	1,518
다세대동	23,627	6,969	9,926	5,886	28,765

전체적으로 보면 경기도 역시 준공된 지 25년 이상된 주택이 많은 것을 알 수 있다. 그만큼 낡은 주택이 많다는 뜻이다. 머지않아 신축주택에 대한 수요가 상당할 것임이 예상된다. 어쩌면 지금 신규주택에 대한 수요가 이미 분출되고 있을 수도 있다. 동수만 보면 단독주택과 다가구주택의 비중이 높다. 하지만 세대수가 많은 다세대주택과 아파트는 동수는 작아도 세대수가 많다. 이런 특징을 보인다면 소규모주택 정비사업에 딱 들어맞는 경우라고 할 수 있다. 결론적으로 신축에 대한 수요가 증가할 것이 확실시되고, 상대적으로 단독주택이나 다가구주택 그리고 연립·다세대 주택이 많다는 점을 감안할 때, 새 정부는 문재인 정부 때보다 더 소규모주택 정비사업이 활성화될 것으로 보인다. 이런 이유로 경기도는 낡은 주택을 구입해 아파트로 갈아타는 환집 재테크에 최적지가 될 것이다.

2.
경매·급매를
적극 활용하라

큰돈을 들이지 않고 재테크를 하기가 여간 어려운 것이 아니다. 그렇다고 투자자금이 풍부하다고 해서 재테크 성공을 보장해주는 것은 더더욱 아니다. 이래저래 재테크를 한다는 것 자체가 어려운 일인 것만큼은 분명한 것 같다. 그럼에도 어떤 사람들은 이렇게 말하곤 한다. "재테크? 종자돈만 충분하면 성공하기 쉽지 않아?", "재테크가 뭐 대수인가? 싸게 사서 비싸게 팔면 되는 거 아닌가? 가격이 떨어지면 올라갈 때까지 기다렸다 처분하면 이익을 보면 되잖아!" 그렇다. 그것이 바로 재테크다.

그런데 그 재테크가 말처럼 그렇게 쉬운 것이 아니다. 당장 가격이 떨어졌을 때 싸게 구입하는 것부터 만만치 않다. 재테크 목적이 아닌 실거주 목적이라면 소액으로 구입하기가 더 어렵다. 집값 급등으로 아무리 눈을 부릅뜨고 찾아봐도 적당한 아파트를 찾기가 하늘의 별따기 만큼이나 어렵다. 그래서 재테크가 되었든 실거주 목적이 되었든 일반적인 거래방식과 조금 다른 방식으로 저렴하게 재테크를 하고 내 집 마련을 해야 할 필요가 있다.

여기서 한 가지 궁금증이 생길 수 있다. "저렴한 부동산을 구입하는 방법만 알면 소액으로도 부동산 재테크나 내 집 마련에 성공할 수 있다는 말인가?" 그렇다. 그리고 그것이야말로 소액으로도 부동산 재테크에 성공하고 내 집 마련도 하는 가장 확실한 방법이다.

1) 부동산도 할인매장이 있다

우리 주변에는 다양한 할인매장이 있고 쇼핑할 때마다 이용하곤 한다. 저렴한 가격에 쇼핑을 할 수 있기 때문이다. 부동산도 상품시장에서 조금 성격만 다를 뿐 분명 부동산 할인매장이 존재한다. 할인매장에서 저렴하게 쇼핑을 할 수 있는 것처럼 부동산 할인매장에서도 저렴하게 부동산 쇼핑을 할 수 있다.

부동산 할인매장은 크게 2가지가 있다.

첫 번째는 정부 · 공기업이 운영하는 할인매장이다.

대한민국법원 법원경매정보   자료 : www.courtauction.go.kr

정부나 공기업이 운영하는 할인매장을 우리는 경 · 공매라고 한다. 이중 MZ 세대들이 특히 관심을 가져보면 좋을 할인매장이 경매다. 보통 경매는 어려워서 아무나 하기 어려운 분야라고 생각하곤 한다. 물론 어려운 부분이 분명 있다. 그러나 그것은 어디까지 권리관계가 복잡한 물건인 경우에만 한정되는 얘기다. 권리관계가 복잡하지 않고 분석도 상대적으로 간단한 연립 · 다세대 주택이나 아파트를 노리는 경우라면 크게 어려운 부분이 없는 경우가 대부분이다. 빠른 사람은 1개월 이내에 노하우를 습득하기도 한다. 그러니 경매에 관심을 가져야 한다. 공기업이 운영하는 할인매장을 공매라고 한다. 명도나 몇 가지 작은 차이를 제외하면 법원 경매와 크게 다르지 않기 때문에 경매를 익

힌다면 어렵지 않게 도전해볼 수 있다. MZ 세대에게 적절한 재테크 수단이자 내 집 마련 도구가 될 수 있다.

온비드 홈페이지

자료 : 온비드 www.onbid.co.kr

또 다른 하나는 일반적인 부동산 거래시장에서 형성되는 할인매장이다. 부동산 경기가 위축되거나 매도자에게 개인적인 사정이 생겨 급히 처분해야 할 때 그 부동산이 거래되는 공인중개사사무소가 할인매장이 된다. 새 정부에서도 똑똑한 한 채를 향한 수요

는 계속될 것이다. 따라서 단기적으로 부동산 규제완화에 따라 일부 매물이 시상에 나올 가능성이 있다. 또한 금리인상 여파로 대출원리금 상환에 부담을 느낀 소유자들의 보유 물량도 매물로 나올 가능성이 높다. 이런 매물을 적극 공략한다면 상대적으로 저렴하게 내 집 마련에 성공할 수 있을 것이다.

3.
신규 분양을
포기하지 마라

MZ 세대가 주택 가운데 저평가된 주택에 주목하는 것은 지극히 바람직하다. 또한 소규모주택 정비사업 추진이 가능한 저렴한 빌라나 연립·다세대 주택을 매입해 가로주택 정비사업이나 소규모 재건축사업, 소규모 재개발사업을 거쳐 아파트로 갈아타는 전략도 분명 현실적으로 가장 바람직한 내 집 마련 방식 가운데 하나다. 그러나 아무리 그렇다고 해도 절대로 포기해서는 안 되는 내 집 마련 방법이 바로 신규 분양이다. 청약가점이 높은 사람들조차 추풍낙엽처럼 떨어지는 분양시장에서 가점이 낮은 청년세대가 과연 신규 분양을 통해 내 집 마련이 가능할 것이냐와 관련된 불만이 나오는 것도 사실이다. 그럼에도 불구하고 신규 분양 시장에 대한 관심이나 신규 분양 시장에서 분양을 받아 내 집 마련을 하기 위한 노력을 게을리하면 안 된다.

왜 그럴까? 윤석열 대통령은 청년층의 내 집 마련 지원을 위해 청년원가주택을 공약한 바 있다. '도심 주택 공급 실행 태스크포스회의'에서 청년 등 무주택자들을 위한 '청년원가주택 30만 가구'를 논의했는데, 청년원가주택의 주요내용을 정리하면 다음과 같다.

청년 원가주택 주요 내용

구 분	주요 내용
① 예상 공급대상	▶ 30세 이하 청년 계층 MZ 세대
② 예상 분양가격	▶ 공공분양으로 시세의 60~70%
③ 예상 공급규모	▶ 30만 가구
④ 예상 공급시기	▶ 2022~2027년
⑤ 예상 공급부지	▶ 국·공유지 및 공공택지
⑥ 예상 금융지원	▶ 분양가의 20% 납부, 80% 저리융자
⑦ 시세 차익 보장	▶ 5년 의무 거주 후 매각시 시세차익 최대 70%까지 보장

첫째, 공급되는 지역이 매력적이다. 도심과 직주근접성을 확보하고 있는 역세권에서 공급된다.

둘째, 분양가격은 더 매력적이다. 명칭에서 드러나고 있듯이 분양가격이 건설원가 수준이기 때문이다. 대략 시세의 60~70% 수준에 분양될 것으로 기대된다. 분양면적은 신혼희망타운 수준인 60m² 이하가 주력이 될 것으로 보인다. 현재 분양가격은 전용 면적 59m² 기준 3억 원 내외로 예상된다.

셋째, 분양조건이 훌륭하다. 아무리 입지가 좋은 곳에 건설원가 수준으로 주택을 공급해도 목돈이 없는 청년들이 쉽게 청약하기 어려운 측면이 있다. 그런데 청년원가주택은 그런 걱정에서 자유로울 수 있을 전망이다. 분양가격의 20%만 내고 나머지 80%는 저리로 대출을 지원해주기 때문이다.

넷째, 시세차익도 기대할 수 있다. 분양가격의 20%만 분양받은 청년이 납부하고 나머지 80%는 저리 대출을 해주는 혜택이 있다면, 당연히 시세차익의 상당 부분을 공공이 환수하는 것이 보통이다. 그런데 청년원가주택은 다르다. 입주 후 5년의 의무거주를 채운 후 매각하는 경우 시세차익의 70%까지 보장받을 수 있기 때문이다.

청년원가주택은 5년 거주 후 발생하는 시세차익까지 보장하는 주택공급 유형이다. 따라서 초기에 막대한 재정투입이 발생하게 된다. 이런 이유로 일부에서는 분양이 아닌 임대주택으로 공급전환을 해야 한다는 주장도 나오고 있다. 그러나 청년원가주택 자체가 무주택 청년의 내 집 마련을 지원하기 위한 공약이었고, 임대주택으로 공급할 경우 단기적으로 청년 계층의 주거수요를 수용할 수 있을지는 몰라도 장기직으로 궁극적인 내 집 마련 문제를 해소하는 것은 아니기 때문에 바람직한 형태는 아니라고 할 수 있다. 주택수요를 현재에서 미래 특정 시점으로 이연시켜 청년 계층이 본격적으로 내 집 마련을 시도하는 시점에 또 다른 주택수요 폭발로 인한 집값 불안현상을 야기하는 이유가 될 것이기 때문이다. 이런 이유로 새 정부에서는 적극적으로 청년원가주택 공급에 박차를 가할 것으로 예상된다. 당장 서울과 인접해 있는 수도권 제3기 신도시 중 신속하게 사업이 추진되고 있는 곳에서 사전청약을 통해 조기 공급하는 방안이 유력하다. 이것이 신규 분양을 포기하지 말아야 하는 이유다.

4.
역세권
첫 집을 주목하라

역세권 첫 집은 청년원가주택과 함께 새 정부가 청년 등 무주택 실수요자들을 대상으로 내놓은 내 집 마련 방안이다. 공약에서 제시된 공급물량은 10만 가구 정도를 목표로 했는데 현재는 20만 가구 정도로 계획이 수정된 것으로 보인다. 공급방안은 역세권 사업 기부채납과 역세권에 입지하고 있는 활용 가능한 국유지를 복합 개발해 반값주택을 공급하겠다는 것이 핵심이다. 이를 위해 역세권 재개발·재건축 정비사업인 경우 용적률을 500%까지 상향해주고 대신 주택을 기부채납을 받고, 역세권 국유지 철도 차량기지나 빗물 펌프장 부지 등를 복합개발하는 한편, 이미 여러 곳의 후보지를 확보하고 있는 상태인 도심 복합사업에서도 사전청약을 통해 청년 등 무주택세대에 공급한다는 방침이다.

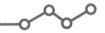

역세권 첫 집 주요 내용

구분	주요 내용
① 예상 공급대상	▶ 무주택 청년·신혼부부 및 무주택 중장년층
② 예상 분양가격	▶ 주변 분양가격의 50~70% 토지 임대부
③ 예상 공급규모	▶ 20만 가구 수도권 14만 가구 예상, 전용면적 85m²이하
④ 예상 공급시기	▶ 2022~2027년
⑤ 토지 임대 기간	▶ 40년
⑥ 토지 임대료	▶ 공공택지 조성원가에 3년 만기 정기예금 이자율 적용
⑦ 예상 공급부지	▶ 역세권 정비사업, 국·공유지
⑧ 시세 차익 보장	▶ 시세차익 최대 70% 보장

역세권 첫 집은 매우 현실적인 공약이다. 그만큼 실현가능성이 높기 때문에 성공 가능성도 높은 공약이라고 할 수 있다. 역세권 첫 집 공급방안으로 역세권 재개발·재건축 정비사업 용적률 상향 최고 500%까지을 해주고 초과 용적률 가운데 일부를 기부채납받아 공급하는 것과 역세권 국공유지의 복합개발을 통해 확보하게 될 물량을 공급하는 것

이 있다. 주택공급 효과 측면에서 보면, 역세권 재개발·재건축 정비사업이 핵심이라고 할 수 있다. 그런데 이 방안은 재개발·재건축 조합이 꺼려할 이유가 없다. 재개발·재건축 등 정비사업과정에서 공공이 환수하게 될 주택이 임대주택이 아닌 공공분양주택이기 때문이다. 문재인 정부에서 공공참여 재건축이 활성화되지 못한 가장 큰 이유 가운데 하나가 임대주택공급이었다는 점에서 볼 때, 확실히 기존의 공공참여 재건축에 비해 성공 가능성이 높은 방식임은 분명하다.

다만, 역세권 첫 집도 무조건 성공할 수 있다고 단정 짓기 곤란한 부분이 아주 없는 것은 아니다. 크게 두 가지 정도를 들 수 있다.

첫 번째는 역세권 첫 집이 토지임대부주택의 성격을 띠고 있다는 점이다. 주로 역세권 재개발·재건축 정비사업 용적률 상향을 통해 확보한 주택을 공공분양하는 것이 주가 될 것으로 예상되는데, 이때 기부채납받은 아파트의 건물만 분양하고 토지는 중앙정부나 지자체가 갖게 된다는 단점이 있다. 건물 부분은 소유하지만 토지에 대해서는 매월 임대료를 납부하게 되는 것이다. 어찌 보면 월세로 거주한다는 생각이 들 여지도 있는 셈이다.

두 번째로, 역세권 국공유지가 많지 않아 역세권 재개발·재건축에 의존해야 한다는 점과 매매 시 LH공사에만 매각할 수 있는 데다 매각가격도 공급원가에 이자 일부를 더한 가격이 되기 때문에 시세차익을 확보하지 못한다는 단점이 있다. 그러나 이 문제와 관련해서는 LH공사에만 환매할 수 있도록 하고 있는 규정을 SH공사 등 지방공기업에도 환매할 수 있도록 하는 한편, 매각 시 적정 수준의 시세차익을 보장하는 방향으로 제도 보완을 검토한 바 있다. 따라서 적정 수준의 제도보완이 이루어질 것인 만큼 우려하지 않아도 될 것 같다. 지적을 받고 있는 단점 요인도 있지만 역세권 첫 집은 분명 저렴한 내 집 마련 방식이라고 할 수 있고, 공급물량도 경쟁력을 갖춘 곳에서 나올 것으로 예상되는 만큼 무주택 청년이라면 적극적으로 관심을 가져야 할 것이다.

5.
장기호재 요인이 있는
지역 주변의
구축 아파트를 노려라

지금은 바야흐로 신축 아파트 전성시대다. 구축 아파트에 비해 수요가 많기 때문이다. 2021년 여름 "일산이나 광교 같은 경기도 내 우량지역의 신축 아파트 매매가격이 20억 원에 이르자 이럴 바에는 서울 아파트를 구입하는 것이 훨씬 더 바람직하지 않겠느냐!" 는 내용의 언론보도가 회자된 적이 있었다. 신축 아파트에 대한 수요가 어느 정도 수준 인지를 단적으로 보여주는 예다. 하지만 현실적으로 수도권 내 주요 우량지역에서 MZ 세대가 부담 없이 구입에 나설 수 있는 신축 아파트는 많지 않다. 그만큼 매매가격이 엄 청나기 때문이다. KB국민은행의 월간시계열 자료에 따르면, 2022년 3월 현재 서울시의 제곱미터 당 아파트 평균매매가격은 1,546만 원이다. 강남11개구는 이 보다 높은 1,769만 원이고, 수도권과 경기도는 각각 986만 원, 769만 원이었다.

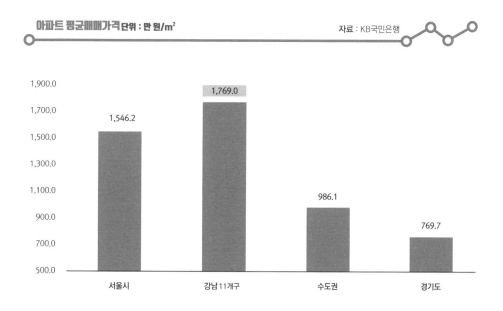

서울, 강남, 수도권, 경기도 집값이 으레 그러려니 하는 생각을 할 수 있다 물론 서울, 강남, 수도권, 경기도는 집값이 상대적으로 다른 지역에 비해 비싼 곳인 것만큼은 분명하다. 이런 현상은 2017년 3월 기준 위 지역들의 아파트 평균매매가격과 2022년 3월 기준 아파트 평균매매가격 비교를 통해 손쉽게 확인이 가능하다.

아파트 평균매매가격 단위 : 만 원/m² 　　　자료 : KB국민은행

구분	서울시	강남 11개구	수도권	경기도
2017년 3월	695.2	807.2	480.8	384.7
2019년 3월	936.4	1,093.0	580.9	425.1
2022년 3월	1,546.2	1,769.0	986.1	769.7

이렇게 아파트 가격이 급등한 결과 MZ 세대들이 아파트 그 중에서도 신축 아파트를 구입하기란 하늘의 별따기만큼 어려워졌다. 지금 당장 눈앞에 보이는 신축 아파트가 아닌 미래 신축 아파트로 거듭날 수 있는 구축 아파트를 노려야 하는 이유이다.

그렇다면 어떤 구축 아파트를 목표로 잡는 것이 좋을까? 장기호재가 있는 구축 아파트를 노리는 것이 좋다. 곧바로 호재가 현실화될 지역은 제아무리 구축 아파트라 할지라도 호재 요인이 집값에 반영된 경우가 대부분이다. 그렇기 때문에 장기적 호재 요인이 있는 곳을 노려야 한다. 먼저 GTX나 자족기능 강화 호재를 들 수 있다. 혹자는 GTX 호재가 이미 아파트 가격에 반영된 것 아니냐는 의문을 가질 수도 있다. 그러나 개통은 아직 먼 이야기라고 할 수 있는 만큼 추가적인 상승 여력은 충분하다.

우선 지역 선택을 위한 대전제로 상대적으로 저렴한 구축 아파트를 찾기 원한다면 서울 한복판보다 수도권으로 시선을 돌리는 것이 좋다. 이럴 경우 GTX와 자족기능 강화

호재 요인이 돋보이는 대표적인 곳 가운데 하나를 선택하면 된다. 예를 들어, 평택시를 선택할 경우 핵심지역은 평택 지제역이라고 할 수 있다. GTX-A 노선이 지제역까지 연장될 것으로 예상되기 때문이다.

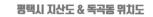

평택시 지산동 & 독곡동 위치도

자료 : 네이버지도

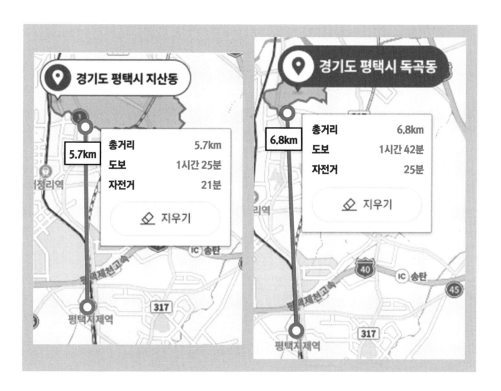

만일 GTX-A 노선이 지제역까지 연장될 경우, 지제역부터 반경 약 6~7km 내에 있는 지산동과 독곡동에 입지하고 있는 구축 아파트들의 수혜가 기대된다. 구축 아파트 단지

들이 많아 상대적으로 매매가격이 저렴하기 때문이다. 독곡동에서는 대림아파트 최고 11층, 삼익2차 최고 11층, 아주2차 최고 11층 등이 주목받을 가능성이 높다. 한편, 지산동에서는 삼익1차 최고 5층, 건영아파트 최고 10층, 한양청솔아파트 최고 7층, 우성아파트 최고 6층, 아주1차 최고 10층, 미주1차 최고 9층 등이 주목받을 가능성이 매우 높다.

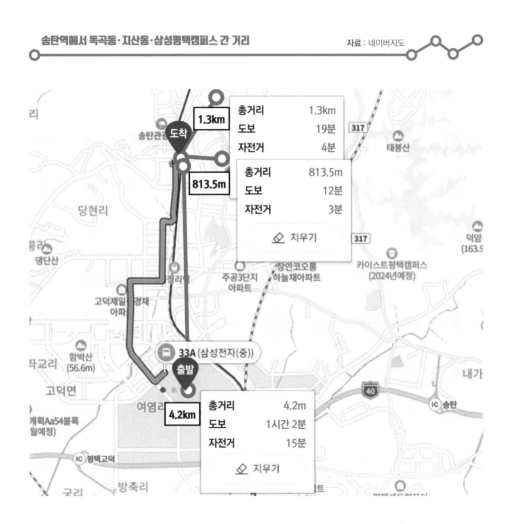

송탄역에서 독곡동·지산동·삼성평택캠퍼스 간 거리   자료 : 네이버지도

총거리	1.3km
도보	19분
자전거	4분

총거리	813.5m
도보	12분
자전거	3분
지우기	

총거리	4.2m
도보	1시간 2분
자전거	15분
지우기	

33A (삼성전자(중))

한편, 독곡동과 지산동은 1호선 송탄역 역세권이기도 하다. 독공동과 지산동은 송탄역부터 반경 약 800m~1.3km 정도 떨어져 있다. 지하철 접근성을 확보하고 있다는 뜻이다. 이에 그치지 않고 독곡동과 지산동 일원은 '2030평택 도시·주거환경정비 기본계획'에 의해 정비예정구역으로 지정된 아파트 단지들이 자리 잡고 있어 재건축 호재도 기대할 수 있다. 뿐만 아니라, 평택을 대표하는 자족기능이라고 할 수 있는 삼성반도체로의 직주근접성도 확보하고 있는 지역이기도 하다. 따라서 장기적으로 호재가 있기 때문에 구축 아파트를 사서 새 아파트로 갈아탈 수 있는 전략을 실행하기에 안성맞춤인 지역이 독곡동·지산동 일원이다.

윤석열 정부 부동산시장 대해부

초판 1쇄 인쇄 2022년 6월 20일
초판 1쇄 발행 2022년 6월 26일

지은이 김종선 박범용 임태욱 진변석 서영철

펴낸이 박세현
펴낸곳 팬덤북스

기획 편집 윤수진 김상희
디자인 이새봄 이지영
마케팅 전창열

주소 (우)14557 경기도 부천시 조마루로 385번길 92 부천테크노밸리유1센터 1110호
전화 070-8821-4312 | **팩스** 02-6008-4318
이메일 fandombooks@naver.com
블로그 http://blog.naver.com/fandombooks
출판등록 2009년 7월 9일(제386-251002009000081호)

ISBN 979-11-6169-207-4 (03320)